Band 44

OUTDOORHANDBUCH

Reinhard Dippelreither

Tansania:
Kilimanjaro

DER WEG IST DAS ZIEL

Der Autor und der Verlag sind für Lesertips und Verbesserungen
(besonders als E-Mail oder auf Diskette)
unter Angabe der Auflagen- und Seitennummer dankbar.

Leser, deren Einsendung verwertet wird,
werden in der nächsten Ausgabe genannt
und erhalten als Dank ein Exemplar der neuen Auflage
oder ein anderes Buch ihrer Wahl aus dem Programm des Verlags.

OutdoorHandbuch aus der Reihe Der Weg ist das Ziel, Band 44

TANSANIA: KILIMANJARO

ISBN 3-89392-144-3 ,2. Auflage 2000

® Outdoor ist eine eingetragene Marke für Bücher des Conrad Stein Verlags

Dieses OutdoorHandbuch wurde konzipiert und redaktionell erstellt vom
Conrad Stein Verlag, In der Mühle, 25821 Struckum
☎ 04671/931314, FAX 04671/931315
✉ <outdoor@tng.de> 💻 <http://outdoor.tng.de>
für die OutdoorHandbuch Stein KG, Struckum.

Unsere Bücher sind überall im Buchhandel und in cleveren Outdoorshops
in Deutschland, Österreich und der Schweiz erhältlich.

Auslieferung für den Buchhandel: Ⓓ Prolit, Fernwald, und alle Barsortimente,
ⒸⒽ AVA-buch 2000, Affoltern und Schweizer Buchzentrum,
Ⓐ Freytag & Berndt, Wien.

Text und Farbfotos: Reinhard Dippelreither
Schwarzweißfotos: Conrad Stein & Ernst Götz
Lektorat: Conrad Stein & Marie-Luise Tolkmit
Karten und Pläne: Carsten Tolkmit
Gesamtherstellung: Breklumer Druckerei, 25821 Breklum

Von Reinhard Dippelreither ist im Conrad Stein Verlag ebenfalls das
ReiseHandbuch Tansanai/Sansibar erschienen.

Das Titelfoto zeigt den Kibo vom Mweka Camp aus gesehen.

Dieses OutdoorHandbuch hat 156 Seiten mit 18 farbigen und 4 s/w Abbil-
dungen sowie 4 Kartenskizzen. Es wurde auf chlorfrei gebleichtem Papier
gedruckt und der größeren Strapazierfähigkeit wegen fadengeheftet.

002480012800

Inhalt

Landeskundliches 10

Reise-Infos von A bis Z 30

Symbole und Abkürzungen

✋	Achtung, Vorsicht!	Ave	Avenue
🚗	Auto, Taxi, Leihwagen	BB	Bed & Breakfast
BANK	Bank	DZ	Doppelzimmer
📖	Buchtip, Kartentip	EZ	Einzelzimmer
☕	Café	HQ	Hauptquartier
⛺	Camping	IUCN	International Union for Conservation of Nature and Natural Ressources, Gland/CH
🚌	Eisenbahn		
➔	Entfernung		
☹	Enttäuschung	KIA	Kilimanjaro International Airport
🏪	Einkaufsmöglichkeit, Markt		
✈	Flugzeug	KINAPA	Kilimanjaro National Park Authorities (Verwaltung des Kilimanjaro NP)
🏨	Hotel		
ℹ	Information	NP	Nationalpark
☁	Klima, Wetter	Rd	Road
⌘	Museum	St	Street
◧	geöffnet...	TANAPA	Tanzania National Parks Authorities (Verwaltung der Nationalparks Tansanias)
☏	Post		
✕	Restaurant, Bar		
🚢	Schiff, Fähre	tsh	Tanzania Shilling
☺	Tip	TTC	Tanzania Tourist Corporation (offiz. Touristeninformation)
⌛	Zeitbedarf		

Kapiteltitel

S. 1: Der Berg ruft...
S. 2/3: Shira Plateau mit Kibo
S. 10/11: Elefantenbulle an der Momella Game Lodge (histor. Foto von 1966)
S. 30/31: Blick über Afrika
S. 78/79: Eisige Gletscherwelt
S. 98/99: Einsamer Gipfelstürmer
S. 151: Giraffenherde im Amboseli Nationalpark

Vorwort

Die riesige, alleinstehende Erhebung des Mt. Kilimanjaro beherrscht nicht nur die Topographie des nördlichen Tansania, sie bietet mit ihrem Wasserreichtum, ihren fruchtbaren Böden und dem gesunden Klima auch die Grundlage für eine extensive Landwirtschaft und damit letztlich für die Industrialisierung der tiefer gelegenen Ebenen. Auf diese Weise steht der Mt. Kilimanjaro auch für Wohlstand und hohes Bildungsniveau in seiner Region.

Ab einer Höhe von 1.800 m ist dieser Berg als Schutzgebiet ausgewiesen und dient der geistigen (und körperlichen) Erbauung der Menschen. Staunenden Auges durchwandern sie die verschiedenen Vegetationsstufen: den unvergleichlichen, gespenstischen, uralten Regenwald, die kühl und abweisend wirkende Heide- und Moorlandzone, die kahle Mondlandschaft der Steinwüste und die Extremregion der Gipfelzone.

Als von der IUCN anerkanntes Welt-Naturerbe ist der Mt. Kilimanjaro zu einem internationalen Anziehungspunkt für Menschen aller Kontinente geworden. Aber nicht alle erreichen Uhuru Peak, die höchste Stelle des Berges, denn die Begehung ist kräfteraubend, und die Höhenkrankheit disqualifiziert Unvernünftige und Übermütige sofort.

Dennoch, der Erlebniswert ist nicht zu überbieten - hier wird Natur pur geboten: Eine Kilimanjaro-Besteigung ist keine Wanderung zur Almhütte mit Bierausschank und Würstelbude, sie ist ein sechstägiger Kampf - ein Kampf mit Steigung, Regen, Hagel, Schnee, Nebel, Kälte, Schlamm, entwurzelten Bäumen, vereisten Felsen und dem inneren Schweinehund. Sie bedeutet aber auch Schönheit, unvergleichliche, einmalige, atemberaubende Schönheit.

Die nächtlichen Lichter von Moshi, die sich im Nebel verwandelnden Gespensterbäume, die endlosen Weiten des Sattels und des Summit Bounds, die majestätischen Gletscher des Gipfels - diese Eindrücke sind es, die bleiben und die einen wieder hierher zurückholen, und sei es auch nur in Gedanken. Diese Eindrücke hinterlassen unauslöschliche Erinnerungsspuren im Gedächtnis.

Ob man nach der Begehung weiser ist, bleibt fraglich. In jedem Fall aber wird man leiser werden, wenn es um das Thema "Natur" geht. Denn man hat erkannt, daß solch unberührte Natur in Europa nicht mehr existiert.

Landeskundliches

Geologie und Entstehungsgeschichte

Der Mt. Kilimanjaro ist ein Kind des weltumspannenden **Grabensystems**, das in der englischen Literatur als *world rift system* bezeichnet wird. Der afrikanische Anteil desselben beginnt im Nordosten des Kontinents am Roten Meer bei Dji-bouti, zieht sich durch das Hochland von Äthiopien und spaltet sich nördlich des Turkanasees in einen zentral- und einen ostafrikanischen Ast auf.

Der zentralafrikanische Graben bildet das Becken für den Edward-, Kivu-, Albert-, Tanganyika- und Nyassasee, der ostafrikanische wurde zum Becken für den Baringo-, Bogoria- und Naivashasee und setzt sich in weiterer Folge über den Natron- und Eyasisee fort.

Die Entstehung des **Ostafrikanischen Grabens** reicht ca. 20 Mio Jahre zurück. Über Entstehung und weitere Zukunft dieser Gegebenheiten gibt es unterschied-liche Meinungen. Manche Autoren sind der Meinung, der Kontinent drifte aus-einander (Theorie des *sea floor spreading*), andere wiederum meinen, daß unter-meerische Rücken in Atlantik und Indischem Ozean dieses verhindern würden.

Vor ca. 2 bis 3 Mio Jahren begannen sich, angeregt durch das seit Jahrmillio-nen andauernde ewige Verwerfen, Aufwerfen, Senken und Heben, an der Gra-bensohle und am Ostrand des Ostafrikanischen Grabens eigenständige **vulkani-sche Zentren** zu bilden.

Eines dieser Zentren war das **"Hochland der Riesenvulkane"** (Lolmallasin) zwi-schen Natron- und Manyarasee sowie die Region östlich davon. Aus unbekannten Gründen konzentrierten sich die Magmamassen im Laufe der Zeit in drei Schlo-ten in 2 Grad, 50 Minuten und 30 Sekunden südlich des Äquators und 37 Grad, 00 Minuten und 35 Sekunden östlicher Länge. Auf diese Weise entstanden **Shira**, **Mawenzi** und **Kibo** vor ca. 1 Mio Jahren. Sie wuchsen auf eine Höhe von ca. 5.000 m und existierten rund 500.000 Jahre unabhängig voneinander. In dieser Zeit bespieen sie sich gegenseitig mit Lava, die dazwischen liegenden Täler wur-den aufgefüllt.

Shira verlor als erster die Lust am Spiel, kollabierte vor ca. 500.000 Jahren, hinterließ eine Kaldera und erlosch. Er ist heute fast gänzlich erodiert, was wir noch von ihm sehen können, sind die phantastischen Reste des Kraterrandes. Das **Shira-Plateau** ist der ehemalige Standort des Vulkans.

Mawenzi und Kibo wuchsen weiter, erreichten eine Höhe von über 5.000 m, warfen weiterhin Lava aus und wuchsen auf diese Art und Weise zusammen - der **Saddle** begann zu entstehen.

Mawenzi erlosch bald danach. Es deutet sehr vieles darauf hin, daß er erlosch, bevor er eine Höhe erreichte, auf der ewiger Schnee liegen konnte. Auch der Mawenzi, dritthöchster Gipfel Afrikas, verwitterte zusehends. Das dramatische Aussehen, das er heute bietet, rührt u.a. von den Erschütterungen, die der

Abbruch der gesamten Nordostwand in Höhen zwischen 4.000 bis 5.500 m verursachte.

Dieser Berg, der ein sehr kompaktes Aussehen zeigt, ist erstaunlich fragil -
das macht auch seine Gefährlichkeit für Bergsteiger aus. Das gesamte Gebilde ist
eigentlich nicht viel mehr als übereinandergeschichtetes Gestein (vorherrschend:
Trachydolerit) und Geröll ohne jeglichen Zusammenhalt. Jede leichte Erschütterung riß (und reißt) einen Block aus seiner Lage und befördert ihn zu Tal. Die
Ursache dafür scheint in verschieden schnell erkalteter Lava zu liegen: Je langsamer sie erkaltet, um so widerstandsfähiger wird sie. Schnell erkaltete Lava setzt
dagegen Wind und Wetter weniger Widerstand entgegen, erodiert somit schneller - das Resultat sind Zacken, Spitzen und scharfe Grate, da "harte" Lava auch in
spaltenförmige Zwischenräume der "weichen" Lava eindrang und übrigblieb, weil
sie nicht so wie die "weiche" erodierte.

Während Mawenzi verwitterte (er ist heute 5.149 m hoch), wuchs **Kibo** weiter und weiter, bis er vor ca. 450.000 Jahren sein Wachstum bei ca. 5.900 m
Höhe einstellte. Er blieb weiterhin aktiv, erodierte aber auch gleichzeitig. Geologen sind sich einig, daß nach dem Erlöschen von Mawenzi Kibo noch neunmal
ausbrach.

Die größte und **folgenreichste Eruption** erfolgte **vor ca. 360.000 Jahren.** Ihre
Folgen sieht man heute noch im großen wie im kleinen. Lavamassen in ungeheurem Ausmaß, bis zu 50 m dick, flossen alle Hänge des Mt. Kilimanjaro herab, füllten die Kaldera des Shira auf und gaben dem Saddle den letzten Schliff. Im gro
ßen und ganzen war allein dieser Ausbruch, obwohl er nicht der letzte war, die
Basis für die heutige Form und Fruchtbarkeit des Mt. Kilimanjaro. Den Rest erledigten Wind und Wetter sowie Gletscher.

Eine Besonderheit dieses Ausbruchs ist die sog. **Porphyr-Lava.** Auch der
Nicht-Geologe erkennt sofort die schwarze poröse Lava, welche mit unzähligen
kleinen (1 bis 2 cm langen, linsenförmigen) Porphyr-Kristallen durchzogen ist.
Man findet sie oft, rund um die Horombo-Hütte und am gesamten Southern
Summit Bound sowie in der Gipfelzone, wo der Boden mit verwitterten Brocken
in allen Größen übersät ist.

Natürlich war es nicht nur ein **Hauptkrater,** der Lava ans Tageslicht förderte,
es können insgesamt **mehr als 250 Nebenkrater** am Mt. Kilimanjaro nachgewiesen werden. Viele von ihnen sind noch sichtbar, am bekanntesten ist der Maundi-
Krater, Nähe Mandara-Hütte.

Vor ca. 100.000 Jahren, die vulkanische Tätigkeit war zu diesem Zeitpunkt
praktisch eingestellt, brach ein gewaltiger, ca. 1.000 m hoher Teil des Gipfels
weg, stürzte zu Tal und formte den **Kibo-Barranco,** eine der mächtigsten Strukturen, die man auf der Wanderung auf den westlichen Trails (Shira, Umbwe,
Machame) zu sehen bekommt.

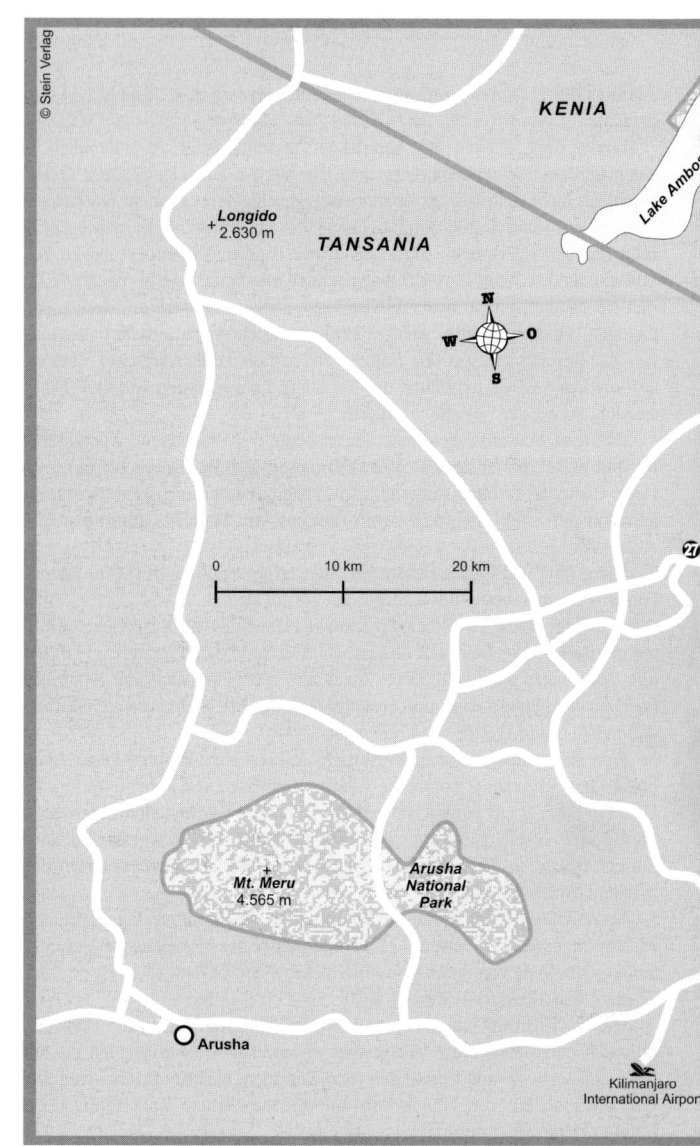

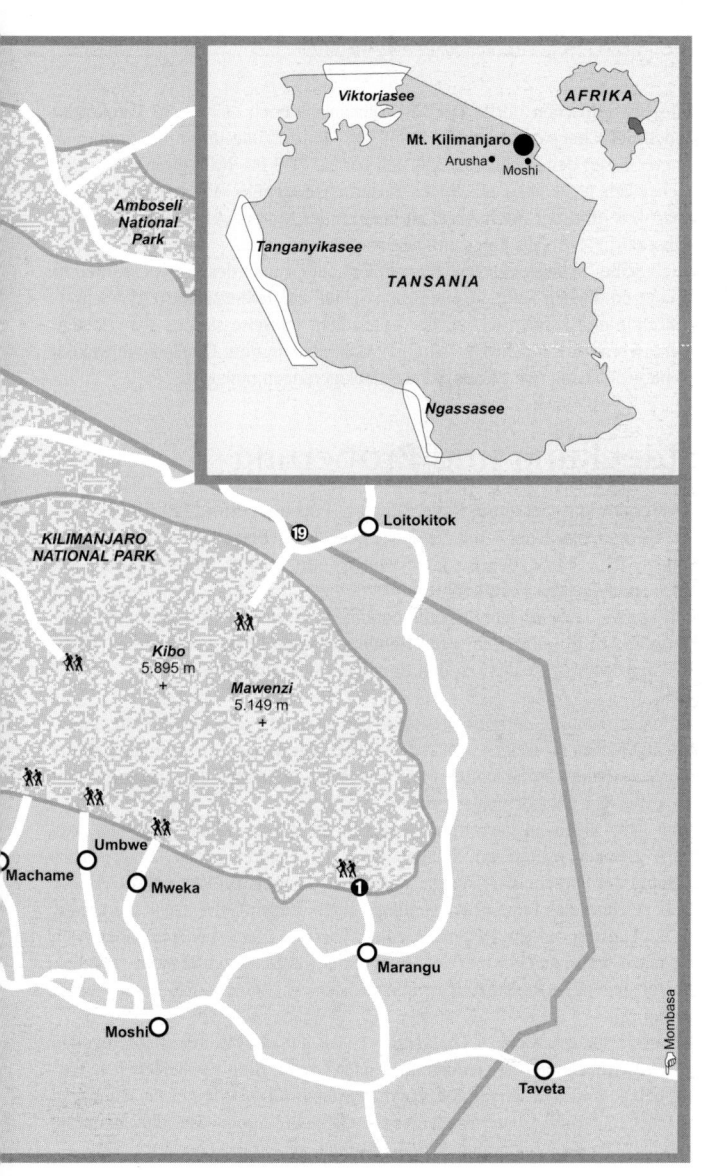

Gänzlich erloschen dürfte der Mt. Kilimanjaro noch nicht sein. Vereinzelte Legenden der Chagga, die bereits Krapf (☞ Entdeckung und Eroberung) aufzeichnete, lassen den Schluß zu, daß sich vor ca. 200 bis 400 Jahren ein letzter, wahrscheinlich nicht allzu mächtiger Ausbruch ereignete. Mit höchster Wahrscheinlichkeit rührt der **Aschekegel** im Inneren des Kraters von damals. Der Krater selbst dürfte ebenfalls jüngsten Datums sein.

Auch **heiße "Schwefelquellen"** (Fumarolen) am Grunde des Kraters, vornehmlich an der nördlichen Seite, lassen diesen Schluß zu. Teilweise entweicht Schwefel gasförmig und kondensiert an der kalten Luft, teilweise sind es aber richtige Quellen, deren Wasser schwefelhaltig ist. Man erkennt diese Quellen von weitem - sie sind großflächig von **gelben Schwefelablagerungen** umlagert.

Entdeckung und Eroberung

Der **Astronom und Geograph Ptolemäus** (ca. 100 bis 160 n.Chr.) beschrieb in seiner *Geographia* einen "mit Schnee bedeckten Berg landeinwärts hinter Rhaphta" - d.h. "23 Segeltage südlich von Opone" (Hafun, Nord-Somalia). Mit dem schneebedeckten Berg könnte ohne weiteres der Mt. Kilimanjaro gemeint sein. Ungefähr tausend Jahre später berichtet ein chinesischer Autor in einer Chronik (12./13.Jh.) über den regen Handel zwischen China und Azania (=Tansania), "welches bis zu einem großen Berg (Mt. Kilimanjaro?) reicht".

Zu dieser Zeit lag der Fernhandel bereits in Händen arabischer Emigranten. **Arabische Quellen** schweigen sich aber merkwürdigerweise - denn sie mußten ihn als Wegmarkierung für die landein- und nordwärts ziehenden Karawanen gekannt haben - über den Mt. Kilimanjaro aus.

Man geht allgemein davon aus, daß sich der **Name "Kilimanjaro"** aus zwei Wörtern zusammensetzt: im Standard-Suaheli bedeutet *mlima* "Berg", *njaro* bedeutet in der Sprache der Chagga "Karawane" (Hinweis auf Wegmarke). An der Küste bezeichnet das Wort *njaro* allerdings einen "bösen Geist, der Kälte bringt" (auch ein Hinweis auf die Wegmarkierungs-Theorie), *njaro* bedeutet aber auch ganz einfach "groß, mächtig". In der Sprache der Massai bedeutet *ngare* "Quelle", durch Entstellung, Übersetzungs- und Hörfehler könnte auch daraus *njaro* geworden sein.

Andererseits berichtet uns Th. Herzog 1934, daß der Mt. Kilimanjaro bei den Masai Oldonyo Dibor ("der leuchtende" oder "weiße Berg") geheißen hat. Eindeutig belegt sind die Termini Kibo und Mawenzi: Kibo bedeutet im Wachagga "der Helle" (aufgrund seiner Schnee- bzw. Gletscherkappe), Mawenzi bedeutet "der Dunkle" (fast nie mit Schneekappe versehen, keine Gletscher).

1519 lieferte im Zuge der portugiesischen Expansion der Spanier **Fernandes de Encisco** den dritten Bericht vom Mt. Kilimanjaro: "Westlich von Mombasa liegt der Äthiopische Olymp, er ist sehr hoch ..."

200 Jahre später mußten die Portugiesen ihr ostafrikanisches Abenteuer zum größten Teil beenden. Die Araber kehrten zurück, nahmen ihren Handel mit Gold, Elfenbein und Sklaven wieder auf und machten in der ersten Hälfte des 19.Jhs. Bekanntschaft mit europäischen Wertvorstellungen. **Briten** wollten die Quellen des Nils finden und **christliche Missionare** aller Konfessionen verkündeten Gottes Wort, Protestanten allen voran.

Der württembergische Missionar **Johan Ludwig Krapf** war im Auftrag der Church Missionary Society, London, in der Gegend um Mombasa ab 1844 unterwegs. 1847 stieß **Johann Rebmann** zu ihm. Weil die missionarischen Erfolge der beiden gering waren, beschlossen sie im September 1847, nach Süden ins Land des Volkes der Taita weiterzuziehen.

Ihr Karawanenführer versprach, sie auch zu einem "Chagga" genannten Platz zu führen, "wo der hohe Berg Kilimanjaro ist". Dieser Berg sei ganz mit Silber bedeckt und beherberge unzählige böse Geister, die den Wanderer plötzlich tot umfallen ließen, berichteten sie - handelt es sich hierbei vielleicht um den ersten Report über die Höhenkrankheit?

Die beiden ließen sich davon nicht abschrecken und am 11.5.1848 sah Rebmann (Krapf lag aufgrund eines Malaria-Anfalles gerade darnieder) als erster Europäer aus ca. 40 km Entfernung den Schnee am Kilimanjaro.

Sein Artikel im "Church Missionary Intelligencer" (4/1849) wurde nicht gerade wohlwollend von der Wissenschaft aufgenommen. 3 Grad südlich des Äquators kann/darf es Schnee nicht geben, punktum! Krapf, der später noch den Mt. Kenya entdeckte, sah den Kibo am 10. November 1849 und bestätigte die Berichte Rebmanns. Krapf schätzte den Berg auf 12.500 ft (ca. 3.800 m), Rebmann, nachdem er die südlichen Hänge hinaufgestiegen war, auf 20.000 ft (ca. 6.000 m). Eine 1857 von der **Royal Geograpical Society, London**, unter Richard Burton (und John Hanning Speke) ausgesandte Expedition - sie sollte diese Frage endgültig klären - scheiterte.

Im März 1861 begegnete der 23jährige ambitionierte britische **Geologe Richard Thornton**, er war erst vor kurzem von Dr. David Livingstone wegen Faulheit während seiner Sambesi-Expedition gefeuert worden, in Sansibar dem 27jährigen **Baron Carl Claus von der Decken** (hannoveranischer Adel), der schon einige afrikanische Abenteuer hinter sich hatte. Zu dieser Zeit beschäftigte er sich gerade mit den Vorbereitungen zur Klärung der Frage: Schnee - sein oder nicht sein? Am **14.7.1861** sahen beide den Kibo und den Schnee auf ihm. Die Gegner Rebmanns und Krapfs waren geschlagen und nach mehr als 12 Jahren Verleumdung in ihre Schranken gewiesen.

Thornton und v.d.Decken stießen bis auf 2.500 m vor und schätzten die Höhe des Kibo auf zwischen 19.800 und 20.600 ft (wirkliche Höhe: 19.340 ft, 5.895 m), wovon ca. 900 m mit Schnee bedeckt sein sollten. Thornton erkannte bereits den **vulkanischen Ursprung** und meinte, das Shira-Plateau sei der älteste Teil und der Kibo der jüngste, womit er recht behalten sollte. Er starb im April 1863 an Malaria.

Im November 1862 war v.d.Decken wieder am Kilimanjaro. Gemeinsam mit dem **Botaniker Dr. Otto Kersten** erreichte er eine Höhe von ca. 4.200 m (anderen Quellen zufolge waren es 4.280 m), Schneefall und Kälte zwangen die beiden zur Umkehr. Kersten berechnete die Höhe des Kibo mit 5000 m. V.d.Decken wurde im Oktober 1865 auf einer Reise zum Mt. Kenya ermordet.

Der Missionar **Charles New** (United Methodist Free Churches of England) gelangte 1871 bis auf ca. 4.000 m. Erwähnenswert ist dieser an sich nicht spektakuläre Vorstoß, weil New als erster Europäer die Begleitung eines Einheimischen erwähnt: Der **Chagga Tofiki** ging fast die gesamte Strecke mit ihm. Erst 1883 wurde der nächste Versuch, den Berg zu erklimmen, durch den Geologen **Joseph Thomson** unternommen, er gelangte bis 2.700 m. Zur selben Zeit war der Deutsche **Dr. Gustav Fischer** am Mt. Kilimanjaro unterwegs und meinte, daß sich dieses Gebiet gut für europäische Siedler eignen würde: prophetische Worte.

Daß der Künstler und Schriftsteller **Harry Hamilton Johnston** im Auftrag der British Association for the Advancement of Science, der Royal Society und der Royal Geographical Society 1883 wirklich bis auf 4.944 m (4.973 m?) vordrang, wird allgemein bezweifelt. Er war aber der erste Europäer, der sich an den Hängen des Mt. Kilimanjaro ansiedelte - 1884 in Old Moshi, etwas nördlich dem heutigen Moshi.

Er schrieb an Lord Edmond Fitzmaurice im Auswärtigen Amt zu London: "Hier ist ein Land, so groß wie die Schweiz ... fruchtbare Böden, gesundes Klima ... in einigen Jahren wird es entweder englisch, französisch oder deutsch sein ... Ich bin der erste hier und fähig, den Mt. Kilimanjaro so englisch zu machen wie Ceylon...um nicht mehr als 5.000 Pfund ..." Das Auswärtige Amt antwortete nicht. Johnston aber blieb nicht untätig und drängte Mandara, den Chagga Chief, einen Vertrag zu unterzeichnen, welcher ihm, Johnston, das alleinige Recht auf die Gegend um Moshi sicherte. Weiterhin wurde mit zwei anderen Chiefs ein zweiter Vertrag über die Inbesitznahme eines unbewohnten Streifen Landes um das heutige Taveta (insgesamt ca. 15 km²) abgeschlossen - alles für die Krone, ohne in deren Auftrag zu stehen.

Im Normalfall würde ein solches Vorgehen nur ein Lächeln auf die Lippen der britischen Regierung gezaubert haben, aber damals standen die Zeichen bezüglich Ostafrika auf Konfrontation. Deutschland war unter **Bismarck** - ehemals strikter Gegner der **Kolonialidee** - doch auf der internationalen Bühne der Rangelei um die überseeischen Besitzungen erschienen. Über die Ursachen dieses Sinneswandels Bismarcks wird heute noch gerätselt (am ausführlichsten tut dies Axel T.G. Riehl in *Der Tanz um den Äquator*). Kamerun, Togo, Südwestafrika und Nord-Neu-Guinea wurden 1884 dem Deutschen Reich einverleibt. Nun warf das Reich ein Auge auf Ostafrika - auf Tanganyika.

Dr. Carl Peters, deutscher Draufgänger, Kolonialist mit Leib und Seele und Gründer der **Gesellschaft für Deutsche Kolonisation**, hatte 1884 mit mehreren *local chiefs* des tansanischen Festlandes Verträge über Landbesitz abgeschlossen, im Februar 1885 wurde seiner Gesellschaft der kaiserliche Schutzbrief ausgestellt, eine *de facto* Anerkennung dieses Bodens als deutschen Boden. Am 19.6.1885 unterzeichnete Mandara, Sultan von Chagga und Kilimanjaro, einen Vertrag, der ihm (und seinen Untertanen) den Schutz der **Deutsch-Ostafrika-Gesellschaft** (eine weitere Gründung Peters mit kaiserlichem Schutzbrief) mit sofortiger Wirkung sicherte.

Im Gegenzug trat er der Gesellschaft das gesamte Land sowie das Recht ab, Steuern, Zölle und Gebühren zu erheben, deutsche Verwaltung und Recht zu installieren und Berge, Flüsse, Seen und Wälder zu erforschen (der vorher mit Johnston und auch mit dem Sultan von Sansibar geschlossene Vertrag wurde von ihm für ungültig erklärt: "Ich liebe die Deutschen mehr als alle anderen Leute, mehr als die Briten im besonderen..."). Die britische Regierung, der Johnstons Vorgehen sowieso ein Dorn im Auge war, fand sich vorerst einmal damit ab. Sie hatten genug Sorgen und Ärger mit dem Mahdi-Aufstand im Sudan.

Es blieb nur noch die Frage der **Grenzziehung** zwischen deutschem und britischem Gebiet offen. Deutschland schlug als Demarkationslinie eine Gerade von der nordöstlichsten Ecke des Victoriasees bis Mombasa vor, Mombasa wäre so in deutsche Hände gefallen. Auf den wertvollen Hafen von Mombasa - er war der einzige Hafen Kenias, der moderne Dampfschiffe aufnehmen konnte - wollten die Briten aber als einzige Möglichkeit des Nachschubs im Kriegsfall nicht verzichten und führten, da die Deutschen auf die "Erwerbungen" C. Peters pochten, die zweiten "Erwerbungen" von Johnston (Taveta, 1884), die südlich dieser Geraden und östlich des Kilimanjaro lagen, als Argumente an.

Da die deutsche Seite die Bedeutung des Hafens von Mombasa weit unterschätzte, akzeptierte sie diese britische Forderung und ging auf den Handel ein. Die Grenze wurde so gezogen, daß Taveta gerade noch in britischem Gebiet lag. Die Grenze zwischen Kenia und Tansania weist daher seit dem 1.11.1886 diesen unlogischen, aber höchst charakteristischen Knick rund um den Mt. Kilimanjaro auf.

Dieser Berg stand nie im Mittelpunkt der Verhandlungen, und die Geschichte, daß Königin Victoria ihn ihrem Enkel, dem deutschen Kaiser geschenkt habe - "weil er alles liebt, was groß und hoch ist" -, ist eine Legende.

Nachdem der Mt. Kilimanjaro nunmehr nach damals herrschendem internationalen Recht **zum Deutschen Reich gehörte**, nimmt es nicht Wunder, daß die
nächsten Europäer auf dem höchsten Berg Afrikas Deutsche (und Österreicher)
waren. 1887 stieß der Verleger **Dr. Hans Meyer** (Konversationslexikon!) mit dem
Freiherrn von Eberstein ohne sonderliche Schwierigkeiten bis zum Sattel zwischen Mawenzi und Kibo vor. Eberstein wurde Opfer der Höhenkrankheit, und
Meyer erreichte ca. 5.500 m Höhe, bevor ihn Eis und Kälte stoppten. Beim zweiten Versuch 1888 begleitete ihn der österreichische Geograf **Oskar Baumann**.
Leider war gerade jetzt die arabische Bevölkerung mit der deutschen Verwaltung
nicht zufrieden und stand gegen sie auf. Die beiden mußten unverrichteter Dinge
fliehen, wurden gefangengenommen und gelangten erst gegen Lösegeld frei.

1889, Meyer ließ nicht locker, begleitete ihn der Tiroler Extremalpinist **Ludwig Purtscheller** und schlug ihm die Stufen in den Ratzel-Gletscher. Sie erreichten am 3.10.1889 den Kraterrand, sahen den Krater und wieder war eine Frage
aus der Welt geschafft: Der Mt. Kilimanjaro ist ein Vulkan! Sie gingen zurück zum
Basislager und einige Tage später wieder hinauf, erstiegen die höchste Spitze des
Kraterrandes und tauften sie auf **Kaiser-Wilhelm-Spitze** (6.10.1889).

H. Meyer führte mit dem damals für Höhenmessungen üblichen Siedethermo-
meter seine Experimente durch. Hr. Dr. Ernst Wagner (Berlin) berechnete die
Ergebnisse dahingehend, daß der Mt. Kilimanjaro 6010 m hoch sein müsse. Erst
Oehler und Klute führten 1906 neue Messungen durch und errechneten eine
Höhe von 5930 m.

Daß Meyer und Purtscheller dieses Unternehmen nicht allein schaffen konn-
ten, liegt auf der Hand. Ihre Helfer waren der Guide Johana Lauwo (er starb im
Alter von 129 Jahren im Oktober 1996 in Marangu), der Assistant Guide Jona-
than Mtu und die Träger Elia Minja, Toma Mosna, Makelio Lyimo und Momba
Kowera. Nicht vergessen (wie auf der Gedenktafel) dürfen wir dabei den "Zelt-
wächter": Muini Amani. Meyer kam noch einige Male hierher und konstatierte
bereits damals einen dramatischen Rückgang der Gletscher. Um 1900 wurde der
Berg zu einem **Wildtier-Schutzreservat** erklärt (in erster Linie, um die Jagd-
gesellschaften nicht zu stören).

1912 bezwangen die Herren Furtwängler und König vom "Münchner Aka-
dem. Skiclub" bei der dritten Gipfelbesteigung erstmals den Mt. Kilimanjaro mit
Skiern. Ein interessantes Jahr ist auch 1914: Die Kunstmaler Walter von Ruckteschell und Carl von Salis gelangten am 14. Februar bis zu Gipfel (4. Besteigung).
Mit von der Partie war die Gattin von Ruckteschell, Clara. Sie war nachweislich
die erste Frau, die den Kraterrand erreichte.

Allerdings darf dabei nicht übersehen werden, daß am 21.4.1922 in einer
Notiz der "Cape Times" erwähnt wurde, daß Miß Gertrude Benham im Oktober
1909 den Kraterrand erstiegen hätte (mehr weiß man darüber nicht). Die Herren

v. Ruckteschell und v. Salis errichteten am Gipfel einen sog. Steinmann (Stein-haufen) und hinterließen das erste Gipfelbuch (beigestellt vom "Kilimandscharo Bergverein Moschi").

1921, der Berg war nun in britischem Besitz, wurde der Schutz erweitert. Man erkannte die Wichtigkeit des Regenwaldes bezüglich Wasserspeicherung - ein Forest Reserve entstand.

Im selben Jahr versuchte sich eine große britische Expedition (insgesamt 66 Personen, 2 Maultiere, eine Schafherde als Proviant) unter Leitung von C. Gilman (Gilman's Point!) am Kilimanjaro. Sie scheiterte an der Höhenkrankheit. Lediglich ihr Leader C. Gilman konnte in der Johannes-Scharte, knapp unter dem Krater-rand den Union-Jack in einer Kiste verstaut, zurücklassen.

1925 wurden die ersten Filmaufnahmen (UFA, Boese und Dennert) vom Kra-ter gedreht. Am 5.11. des selben Jahres erreichte ein Alpinist aus Kapstadt (C. Londt) den Gipfel und nahm das von v. Ruckteschell und v. Salis hinterlegte Gip-felbuch als Beweis seiner Tat mit nach Moshi (er wurde aufgrund unsportlichen Verhaltens daraufhin vom "Mountain Club of South Africa" ausgeschlossen).

Am 31.7.1927 erreichte in Person der Sheila MacDonald (Südafrika) die erste Frau den Gipfel.

In den (europäischen) Wintermonaten 1929/30 überflog der Schweizer Wal-ter Mittelholzer zum ersten Mal den Mt. Kilimanjaro (und den Mt. Kenya), erbrachte durch Fotografien neue topographische Erkenntnisse und konnte somit den bereits jetzt durch mehrere wissenschaftliche Expeditionen enorm angewach-senen Wissensstand um einen gewaltigen Schritt erweitern. 1957 wurden die ersten Gespräche bezüglich der Einrichtung eines **Nationalparks** geführt. 1958 zeichnete das britische D.O.S. (Departement of Overseas Surveys) die letzten, nach wie vor aktuellen Karten des Mt. Kilimanjaro.

1969 wurden zur 80jährigen Wiederkehr der Erstbesteigung Gedenktafeln im Marangu-HQ angebracht. Zwischen 1972 und 1976 half Norwegen (NORAD - Norwegian Agency for International Development) bei den Vorbereitungen zur Entwicklung eines NPs: Fast die gesamte Infrastruktur des Marangu Trails stammt von dieser Organisation, auch das Parkpersonal wurde von NORAD trainiert.

Am 4. Juni 1977 wurde der Nationalpark von Präsident Julius K. "Mwalimu" Nyerere offiziell eröffnet und der Öffentlichkeit übergeben. Die große Zeit des Tourismus begann: Wanderer, Mountainbiker, Skifahrer, Ballonfahrer, Paraglider, Motorradfahrer, Fallschirmspringer usw. bevölkerten den Berg.

1989, 100 Jahre nach der Erstbesteigung, wurde der Mt. Kilimanjaro von der IUCN zum **Welt-Naturerbe (World Heritage Site)** erklärt.

1993 trat der **Kilimanjaro NP General Management Plan**, ein umfassendes Kompendium zum Schutz des Bergs in Kraft, dessen Inhalt auch in diesem Buch berücksichtigt wird.

Flora und Fauna am Mt. Kilimanjaro

Vorweg sei gesagt, daß der Wissensstand um die Biologie dieses mächtigsten Berges Afrikas sehr gering ist. Es fehlt an den nötigen finanziellen Mitteln, um in groß angelegtem Stil Forschung zu betreiben.Es werden **sechs ökologisch-klimatische Höhenzonen** mit einer durchschnittlichen **Breite von ca. 1.000 m** unterschieden: **Buschland-, Kultur-, Regenwald-, Heide- und Moorland-, Steinwüsten-** und **Krater-(Gipfel)zone.**

Die Buschlandzone

Die Obergrenze des Buschlandes ist auf den südlich gelegenen Hängen des Mt. Kilimanjaro bei **ca. 900 m** erreicht. Auf den trockeneren nordwestlich und nordöstlich gelegenen Hängen reicht diese Zone bis **ca. 1.500 m**. Diese heiße, staubige Region ist die Heimat des typisch afrikanischen **Dornbuschs**, in dem **Akazien** überwiegen. Der Tourist durchfährt sie nur, wenn er sich von Dar es Salaam oder von Kenia kommend den Ortschaften Moshi, Arusha oder Marangu nähert, denn zwischen diesen Ortschaften (hier liegt der KIA) wurde sie von Farmland verdrängt.

Die Kulturzone

Die Kulturzone (Farmland) umfängt den Mt. Kilimanjaro einem Gürtel gleich rundherum bis auf eine Höhe von **ca. 1.800 m** (NP-Grenze). Sie war vor gar nicht so langer Zeit noch dichter Regenwald. Als wichtigste **landwirtschaftliche Produkte** seien genannt: Kaffee, Bananen, Mais, Bohnen, Fingerhirse, Kartoffeln, Zwiebeln, Kohl, verschiedene Arten von Wurzelgemüse und Tomaten.

An **Tieren** wird Ihnen bei Spaziergängen durch Marangu oder in den Hotelgärten neben unzähligen **Vögeln** vielleicht ein **Chamäleon** begegnen, hin und wieder treiben sich nachtaktive **Buschbabies** (eine Halbaffenart) in den Baumkronen herum, sind aber selten zu beobachten. Rinder, Ziegen und Hunde bilden das Gros der zu bestaunenden Tiere.

Die Regenwaldzone

Der Regenwald ist auf dem Shira und Rongai Trail bis auf winzige Reste von Koniferenplantagen verdrängt worden. Auf den übrigen Trails nimmt seine Breite aufgrund der nicht regelmäßig verteilten Niederschlagsmenge von West nach Ost ab. Der Regenwald ist das eigentliche **Wasserreservoir**, das den Reichtum von vier Distrikten begründet. Etwa 70% aller höheren Pflanzenarten, ca. 78% aller Vogelarten und ca. 80% aller größeren Säugetierarten des Mt. Kilimanjaro kommen bzw. kamen in dieser Zone vor. Sie beginnt bei einer Höhe von **ca. 1.800 m** (NP-Grenze) und findet ihr natürliches Ende spätestens auf **3.050 m** Höhe.

Von den ca. 10.000 in Tansania beheimateten **Gefäßpflanzen** kommen ca. 1.100 als endemische Arten im Regenwald vor. Die bekannteste Pflanze, die jeder Wanderer zu Gesicht bekommt, ist *Impatiens kilimanjari*, ein unscheinbares, fast unkrautartiges Gewächs, welches nur hier gedeiht. *Senecio johnstonii* wird Ihnen ab ca. 2.500 m begegnen. Gelegentlich werden sich aber auch Flächen offenen Graslandes zeigen, die auch oft von **Erikagewächsen** besiedelt sind - Zeugen längst vergangener, wahrscheinlich von Menschen verursachter Feuersbrünste.

Auf **Tiere** werden Sie im Regenwald, wie auch in den anderen Zonen, nur **selten** treffen. Einige **Frösche**, hin und wieder ein **Vogel** (mehr akustisch als optisch wahrzunehmen), ein huschender Schatten in der Ferne könnte ein **Affe** gewesen sein - schwarzweiße **Colobus-Affen**, **Meerkatzen** und **Grüne Babuinen** kämen hier in Frage.

Das nachtaktive **Waldschwein**, erkennbar am weißen Fellstrich, der sich vom Kopf über den gesamten Rücken bis zur Schwanzquaste zieht, hat gerne seine Ruhe und wird sich hüten, in die Nähe von Menschen zu kommen, dasselbe gilt für das **Stachelschwein**.

Von den vier kleinen, selten vorkommenden **Antilopenarten** (Suniböckchen, **Abbott-**, **Harvey-** und **Kronenducker**) ist Abbott's Ducker erwähnenswert. Einst lebte die größte Population der Welt im Regenwald des Mt. Kilimanjaro, heute ist er lt. IUCN- (International Union for Conservation of Nature and Natural Ressources, Gland/ Schweiz) Status "bedroht". Er wurde selbst von Rangern schon lange nicht mehr gesichtet (das letzte Mal 1989).

Das angestammte Revier von **Löwen** ist die offene, weite Grasfläche. Da aber von Löwen in der Heidezone berichtet wurde, müssen sie irgendwann auch durch den Wald gekommen sein - verirrte Durchreisende. **Leoparden** hingegen (IUCN-Status: "gefährdet") fühlen sich im Wald zu Hause. Keine Angst - obwohl beide Katzen erst 1990 zuletzt gesehen wurden, werden Sie weder Leoparden noch Löwen zu Gesicht bekommen, sie scheuen die Trails. **Reedbock** (zuletzt 1944 gesichtet) und **Klippschliefer** (letzte Sichtung 1965) sind wahrscheinlich am Mt. Kilimanjaro nicht mehr anzutreffen. Eduard Oehler berichtete von seiner Besteigung 1912 über Elefanten (nahe dem heutigen Marangu HQ): "...hatten wir gesehen, wo die großen Tiere durch den Wald gebrochen waren und Stämme so stark wie Telegraphenstangen umgeknickt hatten...". Es war der letzte Bericht über Elefanten in dieser Region.

Der die **nördlichen Hänge** des Mt. Kilimanjaro bedeckende **Regenwald** beherbergt in unmittelbarer Umgebung des Amboseli-NPs (Kenia) eine weitaus größere Gemeinschaft an Tieren. In erster Linie sind **Elefanten** zu nennen, eine Gruppe von ca. 200 Tieren wandert regelmäßig im Trockenzeit-Regenzeit-Rhythmus zwischen Mt. Kilimanjaro- und Amboseli-NP hin und her.

Ein geschützter *wildlife corridor* wurde eingerichtet, um diese Wanderungen auch weiterhin zu ermöglichen. Das **Breitmaulnashorn** lebte bis 1979 (letzte Sichtung) auf den nördlichen Hängen im Regenwald. Es deutet aber einiges darauf hin, daß es doch noch immer existiert.

Jeder Trail beginnt mit einer Breite von bis zu ca. 10 m. Es ist dies eine ehemalige Forststraße, die sich nun der Urwald wieder zurückerobert. Hier wird der Wanderer noch von einigen Exoten wie **Japan-Kirsche**, **Eukalyptus**, **Brombeere** begleitet; an den Wegesrändern stehen vor allem im Januar und Februar blühende **Blumen** und **Sträucher**.

Wenn sich nach Ende der Forststraße der Weg verengt, beginnt das Reich der Dunkelheit. **Moose, Flechten, Baumfarne** begleiten uns ab hier. Insgesamt sind bis jetzt auf dem Mt. Kilimanjaro 596 verschiedene Moosarten bekannt, zwölf davon (2%) sind hier endemisch, ca. 25% in Ostafrika. Der weitaus größte Teil von ihnen kommt im Regenwald-Gebiet (südliche und südöstliche Seite) vor. Einige dieser Pflanzen stoßen bis auf 4.500 m vor und besiedeln dort feuchte, windgeschützte Höhlen und Unterstände.

Moose und Flechten stellen enorme **Wasserspeicher** dar, helfen somit, einen zu schnellen Wasserabfluß zu verhindern und wirken auch einer zu raschen Verdunstung entgegen. Schätzungen gehen davon aus, daß während eines einzigen mittelprächtigen Regenschauers ca. 1 Mrd kg Wasser von Moosen und Flechten gespeichert wird (auf einer Fläche von ca. 200 km² auf den südlichen und südöstlichen Hängen). Da Moose nicht nur auf Bäumen, sondern auch am Boden wachsen, wirken sie letztendlich auch **der Bodenerosion entgegen**.

Die Biomasse (Trockengewicht) von Moosen beträgt ungefähr 12.000 kg/ha (Laubwerk liefert vergleichsweise magere 8.000 kg/ha). Daß dadurch die **Humusproduktion** angekurbelt wird, scheint klar. Flechten (eine Symbiose aus Algen und Pilzen) benötigen mehr Licht als Moose und erscheinen erst in größeren Höhenlagen, zuerst an den Wipfeln der Bäume. In erster Linie fallen meterlange, grünliche **Bartflechten** ins Auge. Nun wird auch der Wald etwas lichter, durchscheinender. Manches Mal gestattet er Ausblicke auf die umgebenden Hänge. Manch einer hat Glück und sieht in diesen Momenten einen einsamen **Adler** kreisen.

In windgeschützen Mulden und an Bachbetten trifft man auf die ersten **Senecien** mit ihren Kohlbüscheln am Kopf. Eigenartige Lebewesen - 95% dieser Pflanze machen einen abgestorbenen Eindruck, der Rest ist fleischiges Leben, die selten, vornehmlich von Dezember bis Februar zu sehende Blüte kann über 2 m hoch werden. Senecien (und Flechten) sind **stark gefährdet**, da ihre Blätter eine gute Unterlage für die Träger- und Führerschlafstätten bilden. Erst sehr wenige Tour Operators sind auf die Idee gekommen, auch Träger und Führer mit Zelten und vor allem Matratzen auszustatten.

Je näher man den ersten Hütten bzw. Camps kommt, die an der Grenze zwischen der Regenwaldzone und der Heide-/Moorlandzone liegen, desto mehr verkürzt sich der Regenwald, um so lichter wird er, und desto mehr verdrängen auch in den Bodenlagen Flechten die Moose.

Die Heide- und Moorlandzone

Die Heide- und Moorlandzone (bis ca. 4.000 m) wird in unteren Lagen von bis zu 10 m hohen, immergrünen **Erikagewächsen (Erikazeen)** dominiert - dünne, schwach im losen Erdreich verankerte Stangen, die über und über mit Flechten und Moosen bewachsen sind. Pfeifenrauchern wird die Farbe des Holzes von *Erica arborea* (zu sehen an den rotgoldenen Schnitt- bzw. Hackflächen - Produkt der verbotenen Brennholzbeschaffung) bekannt vorkommen. Diese Art liefert, allerdings in der wesentlich kleineren mitteleuropäischen Strauchform, das Holz für die berühmten Bruyere-Pfeifen.

Erica arborea ist auch deshalb erwähnens- bzw. bedauernswert, weil fast ausschließlich dieses Gewächs als **Brennholz** verwendet wird. Die meisten Camps der 3.700-m-Linie liegen bereits in holzarmer, die Hütten/Camps darüber in holzfreier Gegend (Brennholz wird auf dem Trägerkopf dorthin geschleppt). Die Vegetation der Umgebung von Shira Camp und Horombo-Hütte liefert den Brennstoff für die Zubereitung von mehr als 90.000 Mahlzeiten/Jahr, zusätzlich dient sie als Wärmequelle für ca. 40.000 Träger und Führer. Der Wunsch der TANAPA nach Verwendung von Flüssigbrennstoffen sowie nach Anlage von großen Tanks zumindest entlang des Marangu Trails ist daher mehr als begründet.

Die hellgrüne Farbe der **Regenwald-Flechten** ist einem kalten Graugrün mit bläulichem Einschlag gewichen. Am beeindruckendsten sind wiederum die märchenhaften, langen **Bartflechten**. Hin und wieder, auf dem Mweka Trail sogar sehr oft, findet man orangerote **Flechtengespinste**. Auf dem Mweka Trail und hin und wieder am Marangu Trail kommen auch **Silberblattgewächse** (Proteusgewächse) in großen Ansammlungen vor. Vor allem *Protea kilimandscharica* mit den riesigen artischocken-ähnlichen Blüten wird am Mweka Trail Ihr ständiger Begleiter in dieser Zone sein.

Senecio kilimanjari (endemisch) wird bis zu 5 m hoch und findet sich, auch in den unteren Lagen dieser Zone, an feuchten Stellen inmitten von Moorwiesen und entlang von Bachläufen. Dieser Pflanze folgt *Lobelia deckenii* mit ihren vornehmen dunkelblauen Blüten.

Noch etwas höher kommt - mit einer Wuchshöhe von bis zu 10 m sehr eindrucksvoll - *Senecio cottonii* meist im Nebel vor. Es ist die letzte wirklich große Pflanze, die der einsame Wanderer zu sehen bekommt, sie begleitet ihn über den Southern Summit Circuit und stellenweise noch höher hinauf. Sie wird nicht umsonst im Deutschen als **Gespensterbaum** bezeichnet. Der abgestorben wirkende Stamm ist keineswegs tot, sondern fungiert als Wasserspeicher für die obenauf liegenden "Kohlköpfe". Die dichten Blattrosetten schützen nachts den zentral gelegenen Pflanzenteil vor Erfrierungen.

Der Vegetationstyp **Erikagewächse** ist auf den südlichen und östlichen Hängen (Marangu, Mweka, Umbwe und Machame Trail) wesentlich dichter ausgebildet als im Westen (Shira Trail) oder Nordosten (Rongai Trail) des Berges. Die bei der Beschreibung des Regenwaldes erwähnten zwölf endemischen **Moose** des Mt. Kilimanjaro kommen fast alle in dieser Zone vor.

Die Pfade sind durchweg so angelegt, daß man die **grasbestandenen Moore** fast nie queren muß, sondern diese umrundet. Sollte Sie aber das Mißgeschick eines wirklich kräftigen und anhaltenden Regenfalles heimsuchen, dann sind alle Trails in dieser Zone mehr Sumpf als Weg. Durchschnittlich fallen ca. 1.000 mm Regen pro Jahr (in den unteren Lagen ca. 1.300 mm, in den oberen ungefähr 530 mm).

Spätestens hier macht man auch die erste Bekanntschaft mit dichtem **Nebel**. Der Feuchtigkeitsgehalt der Luft kann sich auch während der Trockenzeit bis auf 100% erhöhen und damit als **Regen** ausfallen. Ein zweiter Schauer überfällt Sie am frühen Nachmittag. Das gilt in erster Linie für den Machame und Umbwe Trail, Mweka und Marangu Trail bleiben meist von Regen verschont, Shira und Rongai Trail sind fast gänzlich trocken (während der Trockenzeit).

In höheren Lagen dieser Zone nimmt auch die **Wuchshöhe** der Pflanzen dramatisch ab, bis man nur noch durch **kniehohe** Pflanzenpolster wandert. Auch hier gedeihen noch **Senecien**, allerdings in vergleichsweise winzigen Formen (*S. purtschelleri, S. meyeri-johannis, S. telekii*). *Senecio cottonii* ist hartnäckig und wagt sich in vereinzelten Exemplaren bis auf 4.500 m hinauf.

Die für jeden sichtbare Tierwelt bietet neben **Krähen**, **Mäusen**, **Ratten** noch **sperlingsähnliche Vögel** (*Serinus striolatus*), die sich um jeden fallengelassenen Krümel streiten. Raubvögel (**Bussarde**, **Adler**, **Lämmergeier**, IUCN-Status: "bedroht") meiden die Gesellschaft des Menschen und somit die Trails. **Löwen**, **Elenantilopen** oder gar **Büffel**, von deren Anblick sporadisch berichtet wird (zuletzt 1990), sind höchstens verirrte Besucher in dieser Gegend.

Es ist eine sehr abwechslungsreiche Zone, die einem viele Rätsel aufgibt. Am beeindruckendsten ist, sobald man den Regenwald verlassen hat, der ununterbrochene Anblick des Kibo, der dem Wanderer den Weg weist.

In der Übergangszone zur Steinwüste - hier liegen die Hütten und Camps - gibt es nur noch sehr **kleinwüchsige**, ganzjährig blühende Pflanzenformen, die in Mattenform den Boden bedecken. Die Kälte, die auch tagsüber hier herrscht, läßt mit Ausnahme von *Senecio cottonii* und *Lobelia deckenii*, keine höheren Pflanzenformen mehr zu. **Lobelien** schützen sich, indem sich die äußersten Rosettenblätter zusammenfalten und so eine Art Dach über dem gespeicherten Wasser bilden. Zusätzlich erzeugen innere Blätter ein Sekret, welches das Einfrieren des Wassers verhindert. Nur die oberste Schicht wird zu Eis.

Der Vollständigkeit halber sei noch erwähnt, daß sich in dieser Zone auf ca. der 3-600-m-Höhenlinie auch der Übergang zwischen Glazialboden und wasser-erodiertem Vulkanboden befindet. Allgemein verständlich bedeutet das, daß die Gletscher einst bis auf diese Höhenlinie herunter reichten.

Die Steinwüstenzone

Die Steinwüstenzone reicht vom oberen Ende der Heide- und Moorlandschaft bis zum endgültigen Aus der pflanzlichen Vegetation in ca. **5.000 m** Höhe. Der gesamte Southern Summit Bound sowie die Anstiege zur Kibo-Hütte und zum Barafu wie Arrow Glacier Camp fallen in diese Zone. In den tiefer gelegenen Regionen gedeihen die letzten kleinen **Senecien**, **Lobelien** sind hin und wieder auch noch zu sehen. Weiter oben bestimmen zerzauste **Grasbüschel** die Landschaft, manches Mal versteckt sich ein Büschel **Kilimanjaro-Edelweiß** (*Arabis alpina*) an windgeschützten Stellen.

Die Pflanzen kämpfen hier nicht nur mit der Kälte, sondern auch mit einem Phänomen, welches als **Solifluction** bekannt ist und am besten mit "natürlicher Entwurzelung" übersetzt werden kann: Nachts gefriert die dünne Schicht Erdreich, in der diese Pflanzen verankert sind und das vorhandene Quentchen Wasser dehnt sich aus. Dieser Vorgang wirkt wie eine Schaufel, die die Pflanze ausgräbt.

Dennoch gedeihen hier noch 55 Arten von **Gefäßpflanzen** (Tracheophyta, mit einem besonderen Wasserleitungssystem ausgestattete Pflanzen wie Farne und alle Blütenpflanzen). Dominierend sind aber **Krusten- und Fadenflechten** an Steinen und Felsen. In winzigen Punkten oder quadratmetergroßen Flächen färben sie die Landschaft rot, orange, graugrün, weiß und vor allem schwarz. Betrachten Sie die herumliegenden Felstrümmer und die hoch aufragenden Wände genau: Schwarz ist nicht ihre natürliche Farbe, das sind Flechten!

Am Southern Summit Bound lernt man die Wegkenntnis des Führers schätzen: Erstens läßt der häufige **Nebel** keine größere Sichtweite als ca. 100 m zu (sie kann bis auf Null sinken), zweitens weisen einige Flechten dieselbe rote Farbe auf wie die Wegmarkierung.

Als Neil Armstrong als erster Mensch die Mondoberfläche betrat, fiel ihm keine damit vergleichbare Landschaft auf der Erde ein. Hätte er vorher die Stein-wüste des Southern Summit Bounds besucht, er hätte nicht lange überlegen müssen. Die hier herrschende **Kälte** hat etwas ebenso mondhaftes an sich wie die ungebremsten Stürme, die - hier keine Seltenheit - eine Geschwindigkeit von bis zu 80/90 km/h und darüber erreichen können. Wasser fällt in dieser Zone nur mehr in geringen Mengen vom Himmel - ca. 250 mm/Jahr, während der Trockenzeiten in erster Linie als Regen (oder Hagel), in den Regenzeiten in Form von Schnee.

Obwohl es nachts friert, können die Tagestemperaturen +40° erreichen. Durch den Wind wird diese Hitze gemildert - man merkt sie kaum. Schützen Sie Kopf, Lippen und Nase! Im Gegensatz zur grau-schwarzen Steinwüste am Southern Summit Bound glänzt die Steinwüste des Marangu Trails - der Saddle - in Braun.

An **Tieren** kommt hier nur noch eine kleine **Spinnenart** vor, von der niemand so recht weiß, wie sie lebt und wovon sie sich ernährt. Letzter wissenschaftlicher Stand: Wahrscheinlich wird durch Aufwinde doch soviel Kleinstgetier hinaufgewirbelt, daß diese Tierchen Nahrung erhaschen und somit überleben können. Sie leben wahrscheinlich unterirdisch in wohl selbstgegrabenen Höhlen. Diese Spinnen sind für einen aufmerksamen Beobachter nicht zu übersehen (ihre zweifelhafte Ernährungssituation ist durch die Essensreste der Besucher jedenfalls besser geworden).

Die Umgebung der **Hütten und Camps** in der Steinwüstenzone (Kibo, Barafu, Arrow Glacier, Lava Tower) lassen erahnen, was der Gipfelsturm bieten wird.

Charakteristisch für den Mt. Kilimanjaro ist auch die Bodenbedeckung dieser Zone - Sand, Kies und fast kugelrunde 25 bis 50 cm im Durchmesser messende Steinblöcke, die über -zig Kilometer in relativ regelmäßigen Abständen von einigen Metern verteilt herumliegen. Diese Blöcke sind Verwitterungsprodukte der Lavaströme, die anderenorts üblicherweise zu Säulen ausgebildet werden. Nur am Kilimanjaro erodierte die erstarrende Lava zu Blöcken bzw. Kugeln.

Die Krater- oder Gipfelzone

Die Krater- oder Gipfelzone präsentiert sich mehr oder weniger **bar jeden Lebens**. Eiseskälte, Stürme, Gletscher, Lava und extrem hohe UV-Strahlung beherrschen die Szenerie. Nur extreme Außenseiter stoßen bis hierher vor: *Schistidium apocarpum*, ein **Moos**, wurde am Western Breach auf 5.050 m gesichtet, die **Flechtenarten** *Omphalodina melanophthalma* und *Umbilicaria aprina* ebendort in 5.400 m Höhe.

In den heißen Schwefelquellen des Kraters leben **Bakterien,** höhere Tiere sind selten. 1926 fand Reusch, ein deutscher Missionar, am Kraterrand (Leopard's Point, östlich Gilman's Point, eine verrottete Tafel erinnert daran) einen erfrorenen Leoparden. 1962 wurden drei Wanderer von **Wildhunden** bis zum Uhuru Peak "begleitet". Niederschläge fallen nur noch in Form von **Schnee**.

Als Meyer & Co. 1889 den Aufstieg schafften, kämpften sie bereits bei ca. 5.300 m mit Eis. Der Krater war zur Gänze vergletschert bzw. mit Schnee bedeckt. Die Bewohner der sonnendurchfluteten unteren Hänge hielten den Schnee für Silber und waren erstaunt, daß er beim Transport in nichts zerfloß.

Zu den Ursachen des dramatischen **Eis-Rückganges** sind die Meinungen geteilt. Sie scheinen aber nicht mit einer globalen Erderwärmung, dem Treibhauseffekt o.ä. zusammenzuhängen. Am häufigsten wird eine Theorie vertreten, die davon ausgeht, daß die dunkle Farbe des Gesteins Wärme absorbiert und dies die Gletscher vom Rand her abschmelzen läßt. Der Wasserreichtum der unteren Zonen rührt aber nicht von diesem Schmelzwasser, sondern allein von Regen- und Schneefall.

Die Landschaft der Gipfelzone kann mit ihren immer noch mächtigen **Gletschern** nur als phantastisch bezeichnet werden. Getrübt wird dieses Erlebnis nur durch Temperaturen, die bis zu -25° betragen können. Verstärkt wird diese **Kälte** noch durch **wilde Stürme** (☞ Gefahren).

Reise-Infos
von
A bis Z

An- und Abreise

Aufgrund der geringen Entfernung zu Arusha oder Moshi empfiehlt es sich, über

🖐 Die Ausfuhr von Antiquitäten und durch CITES (Washingtoner Artenschutzabkommen) geschützte Tiere bzw. Teile von diesen ist nicht erlaubt (die Einfuhr ist auch bei der Einreise ins Heimatland nicht gestattet). Bei der Ausreise ist ebenfalls ein statistisches Formular auszufüllen (☞ Geld).

Kilimanjaro International Airport (KIA, zwischen den genannten Orten gelegen) anzureisen. Derzeit (2000) fliegt allerdings nur KLM diese Destination an.

Die Anreise über Kenia (Nairobi oder Mombasa) ist trotz meist günstigerer Preise nicht besonders sinnvoll (☞ Transport).

Der internationale Flughafen von Dar es Salaam ist 650 km von Arusha/Moshi entfernt (British Airways, Swissair, Aeroflot).

Anreise zu den Basisstationen, ☞ Transport.

Ausrüstung

▶   Wichtigster Ausrüstungsgegenstand ist der **Schlafsack**, ausreichend gefüttert für -20°. Wie bei der Kleidung kann durch Mehrschichtigkeit der wärmenden Hüllen (**Zwiebelschalensystem**) eine größere Leistung (bei geringerem Gewicht und Volumen) hervorgerufen werden: Sie wählen einen etwas leichteren, dünneren Schlafsack und nähen sich einen weiteren Schlafsack beispielsweise aus Seide oder Baumwollbatist, den Sie, sozusagen als Innenfutter, innerhalb des Schlafsackes direkt am Körper tragen (er schützt auch den äußeren Schlafsack vor Verschmutzung). Von der Verwendung eines Innenschlafsackes aus purer Baumwolle rate ich aus Gewichts- und wärmetechnischen Gründen ab.

Zum **Füllmaterial** des Schlafsackes sei gesagt, daß Daune auf diesem Berg nicht unbedingt das Nonplusultra darstellt. Die Luftfeuchtigkeit kann enorme Werte annehmen; der Schlafsack ist nie 100%ig wasserdicht verpackt und bekommt evtl. einen Regenguß ab; auf der ersten Hütte schwitzt man, das Gewebe kommt mit dem Abtransport der Flüssigkeit nicht nach, das Füllmaterial wird feucht oder gar naß. **Kunstfaser-Füllungen** trocknen wesentlich schneller.

Da Sie entweder in Bewegung oder im Schlafsack sind, halte ich die Mitnahme von Schuh- bzw. Handschuhwärmern nicht für erforderlich.

🖐   Einen **Biwaksack** sollte man bei einer Wanderung immer dabeihaben. Im Notfall (Wettersturz) kann er lebensrettend sein. Diesen Ausrüstungsgegenstand sollten Sie während der Wanderung immer bei sich tragen!

▶   **Wasserflaschen** mit Styropor-Isolation nehmen aufgrund ihres großen Volumens viel Platz ein, solche aus Edel-
metall sind teuer. Eine Alternative stellen gebrauchte 1-Liter-
PET-Flaschen dar (Reserveverschluß nicht vergessen). Da
aber bei diesen keine Isolierung vorhanden ist, schmeckt das
Wasser bald schal.

> ✍ Die Wasser-
> flasche/Wasser-
> behälter während
> der Wanderung
> immer bei sich
> führen!

☺   Geben Sie zur Geschmacksverbesserung einen Tee-
beutel hinein, in höheren Lagen (Minusgrade) Zucker beifügen, der setzt den
Gefrierpunkt herab. Es gibt im Fachhandel auch kunststoffbeschichtete Leinen-
beutel zu kaufen.

▶   Die beim Wandern am meisten beanspruchten Körperteile sind die Knie.
Um diese Beanspruchung etwas zu mindern, kreierte man den **Teleskopwan-
derstock**. Er ist eine technische Erfindung, die den Anwender unter gewissen Vor-
aussetzungen wirklich einmal entlasten kann: Immer nur zwei Stöcke verwenden,
die Länge muß stufenlos verstellbar sein und die Griffe so geformt, daß ein
Abstützen der Hand nach unten möglich ist. Der Einsatz erfolgt so nah beim Körper wie möglich, entlang der Fallinie, denn je weiter die Stöcke vom Körper entfernt sind, desto weniger entlasten sie und desto mehr beeinträchtigen sie das
Balancegefühl.
      Nachteil: Regelmäßiges Wandern mit Teleskopwanderstöcken vermindert das
Balancegefühl und die Trittsicherheit.
      Ich rate daher nur Menschen, die sog. Problemknie haben (Meniskus-
und/oder Bänderschädigung aufgrund regelmäßiger Überbelastung, durch Über-
gewicht, mangelhaft trainierte Oberschenkelmuskulatur, aber auch Plattfüße),
Teleskopwanderstöcke zu verwenden.

✋   Die vom Tour Operator zur Verfügung gestellten Wanderstöcke sind
durchweg unpraktisch und nicht zu empfehlen.

▶   Neben einem Koffer/Rucksack/sonstiger Verpackung, um Ihre Ausrüstung
von Europa nach Afrika zu transportieren, brauchen Sie für die Kilimanjaro-
Besteigung ein weiteres zweckmäßiges Behältnis, denn Sie müssen während der
Besteigung mindestens die folgenden Gegenstände selbst tragen: Foto-
/Videoausrüstung, Lunchpaket, Biwaksack, Wasserflasche, Toilettenpapier und
sonstige Toilettengegenstände, Regenbekleidung, ab der ersten Hütte/Camp ein
wärmeres Kleidungsstück (evtl. Handschuhe, Landkarte, Schrittzähler, Zigaretten,
Feuerzeug, Fernglas), Teleskopwanderstöcke. Diese Gegenstände verstaut man,
falls man sie nicht sowieso in Händen halten muß, am besten in einem **Rucksack**.

🖐 Wählen Sie nicht das billigste Exemplar! Zumindest das Tragesystem (Bauchgurt, Hüftabstützung, Höhenverstellung) sollte vom Besten und das Material so weit wie möglich **wasserfest** sein (handelsübliche Abdeck- bzw. Überzugplanen sind nur ein geringer Schutz). Planen Sie bei der Auswahl der Größe auf jeden Fall ein kleines Reservevolumen ein.

▶ **Sonstiges**: Toilettenartikel (Toilettenpapier sollte sich immer in ausreichender Menge in Ihrem Tagesrucksack befinden), Allzwecktaschenmesser, Taschenlampe (Stirnlampen bewähren sich bestens), Reservebatterien - in größeren Höhen läßt die Leistung von Batterien stark nach.

Ein Ausfall kann beim Gipfelanstieg, der in der Regel um Mitternacht beginnt, zu Komplikationen führen. Reisewecker (mechanisch, elektronische vertragen die Luftfeuchtigkeit nicht). Wasserfilter (Katadyn) oder Tabletten bzw. Pulver oder Tropfen (Certisil) zur Wasserentkeimung, denn das Trinkwasser wird der Umgebung entnommen.

🖐 Sparen Sie bei der Ausrüstung nicht am falschen Platz. Sie ist neben der Bekleidung der Garant dafür, daß die Auswirkungen von Kälte, Nässe und Wind nicht zu einem vorzeitigen Abbruch der Wanderung führen.

▶ **Zelte und Matratzen** (Schaumstoff) in ausreichender Qualität und Größe werden, gleichgültig ob Sie ein Pauschalarrangement in Ihrer Heimat wählen oder die Besteigung vor Ort organisieren wollen, von allen Tour Operators bereitgestellt und sind üblicherweise im Gesamtpreis inbegriffen.

Alle anderen Ausrüstungsgegenstände (ausgenommen technische Geräte) können ebenfalls vom durchführenden Tour Operator gemietet werden - gewöhnlich kostenlos, wenn Sie die Besteigung bei ihm buchen. Sie sind leidlich in Ordnung, aber nicht in großen Mengen verfügbar.

☞ Kleidung, Gesundheit/Reiseapotheke, Foto, Film und Video.

Basisstationen

Allgemeines

In den schönen und typisch afrikanischen Dörfern Umbwe, Machame, Mweka und Rongai sowie in den Dörfern am Fuße des Shira Trails (Sanya Juu, Ngare Nanyuki, Londorossi) existieren weder Unterkünfte noch Tour Operators; sie interessieren uns daher nicht.

Man durchfährt diese Dörfer, wenn man den Umbwe, Machame, Rongai oder Shira Trail zum Aufstieg benutzt bzw. über den Mweka Trail absteigt. Die Zeit ist leider immer zu kurz, um hier in aller Ruhe eine Tasse Tee zu nehmen oder ein bißchen herumzuschlendern. Die Möglichkeit, einen zusätzlichen Tag zu buchen und ihn hier zu verbringen, besteht grundsätzlich; Übernachtungsmöglichkeit beim NP Gate (Camping, US$ 40/Person).

Als **Basisstationen** kommen daher nur **Arusha**, **Moshi** und **Marangu** in Frage. Da für diejenigen, die zu einer Kilimanjaro-Besteigung hierherkommen, der Berg als solcher im Mittelpunkt des Interesses steht und nicht die Basisstationen, beschränke ich mich bei der Beschreibung dieser Ortschaften auf die für Durchführung und Organisation der Besteigung wichtigen Punkte und handle alle anderen Aspekte dieser Städte in aller Kürze ab.

🛏 **Hotels** sind der leichteren Übersicht halber in **vier Preiskategorien** unterteilt (ich gehe von Doppelzimmern - DZ - aus):

Kat. D **Einfache Unterkunft.** 2-Bett-Zimmer, keine Klimaanlage, kein Ventilator, kein Moskitonetz, Restaurant und Bar nicht immer vorhanden (ich weise im Text darauf hin), in Unterkünften ohne Restaurant kein Frühstück, selten funktionierender Telefonanschluß, fast nie Faxanschluß, Gemeinschaftsdusche und -toilette (nicht *self contained*), meist ausgebucht. Ca. US$ 10 bis 20.

Kat. C **Leicht gehobener Standard**, meist keine Klimaanlage, Ventilator und/oder Moskitonetz vorhanden, Restaurant und Bar oft vorhanden, Frühstück praktisch immer im Preis eingeschlossen, Dusche und Toilette im Zimmer (*self contained*, meist aber nur Kaltwasser), Telefon- und Faxanschluß meist in Betrieb. US$ 20 bis 30.

Kat. B Europäischer **Mittelklasse** vergleichbar, Klimaanlage meist vorhanden, dafür aber fast nie Moskitonetze, Zimmer *self contained* (Warmwasser zumindest abends), Restaurant gehobenen Standards sowie bessere Bar immer vorhanden, Frühstück immer im Preis eingeschlossen, Telefon- und Faxanschluß in Ordnung, selten ausgebucht. US$ 30 bis 50.

Kat. A Den europäischen **4- bzw. 5-Sterne-Hotels** vergleichbar, an denen sich die Besitzer (meist internationale Ketten) auch orientieren. Mangels Wasser sind angeschlossene Pools oft trocken. Von US$ 50 aufwärts, ich werde im Text auf gravierende Mängel bzw. Superausstattung hinweisen.

☹ Die Tatsache, daß Touristen und andere Nicht-Tansanier Hotelrechnungen nicht mehr in US$ zahlen müssen - verlautbart in einem Schreiben vom 9.4.1996 der "Bank of Tanzania" an den Vorsitzenden der "Hotel Keepers Association of Tanzania" - hat sich noch nicht bei allen Hotelbesitzern herumgesprochen (speziell in Arusha und Marangu).

☝   Vor allem in Hotels der Kat. A sollten Sie damit rechnen, daß Sie Ihre
Rechnung nach wie vor **in US$** bezahlen müssen. In kleineren Hotels wird meist
nach kurzem Hinweis auf die Rechtslage bzw. mit der lapidaren Bemerkung "Ich
will aber in Tanzania Shillings bezahlen!" von dieser Forderung Abstand genommen und der Betrag anstandslos in tsh umgerechnet.

Vielen Hotels ist auch ein **Tour Operator** angeschlossen (teilweise angemietet,
teilweise im selben Besitz). Falls sich Tour Operator und Hotel in denselben Händen befinden, kann evtl., vor allem in der Nebensaison, eine Reduzierung der
Gesamtkosten ausgehandelt werden, wenn Sie beides - Hotel und Tour - hier
buchen.

Arusha

Die Stadt schmiegt sich in 1.391 m Höhe an die auslaufenden Hänge des ebenfalls erloschenen Vulkans und dritthöchsten Berges Tansanias, des Mt. Meru.
Diese Lage wirkt sich sehr **günstig** auf das Klima aus, so sinken die Temperaturen
zumindest während der Nachtstunden auf ein erträgliches Niveau.

In dieser relativ großen Stadt wurden **Modernität und Traditionalität** auf
gelungene Weise miteinander verbunden und uniforme Internationalität mit all
ihren Vor- und Nachteilen mit dem einer afrikanischen Stadt innewohnenden
fremdländischen Flair ohne Probleme kombiniert - **ein schöner und idealer Auf-
enthaltsort!**

ℹ   Tanzania Tourist Corporation (TTC), Boma Road, neben dem New Safari Hotel,
      ☎ 0255/57/3643, FAX 8256, eine **sehr gute Anlaufstelle** für Auskünfte und
      Beschwerden, guter Stadtplan erhältlich. Bevor Sie eine Tour buchen/bezahlen,
      erkundigen Sie sich hier, ob gegen den gewählten Tour Operator Bedenken vorlie-
      gen: Im TTC-Büro liegt eine *black list* aus, in die Sie Einblick nehmen können.
🖙   **Hotels der Kat. D**
◆   Arusha Naaz Hotel, Sokoine Rd, ☎ 00255/57/2087, FAX 8893, gutes Hotel, zen-
      tral, indisches Self-service-Restaurant, saubere Zimmer, teils *self contained*.
◆   YMCA, India St, ☎ 00255/57/658, Restaurant und Biergarten, Tour Operator, die
      Anschlagtafel bei der Rezeption enthält Nachrichten, Hinweise u.ä. von und für Tou-
      risten.
◆   Midway Hotel, vis-à-vis dem Miami Beach GH, ☎ 00255/57/2790, sehr einfache,
      kleine Zimmer, Restaurant und Bar.
◆   Palm Inn, Stadium Rd beim Kreisverkehr, einfach und sauber.
◆   Starlight GH, Col. Middleton Rd, ☎ 00255/57/6256, Restaurant und Bar.
◆   Amazon Hotel, Moja St, ☎ 00255/57/7005, Restaurant und Bar, einige DZ sind
      self contained.

- Robbanyson Hotel, Somali St, eines der billigsten Hotels in Arusha, einige DZ *self contained*, sehr billiges Restaurant mit einheimischer Küche.

- Serengeti View Hotel, ☎ 00255/57/6357, (die Serengeti kann man von hier aus natürlich nicht sehen), in der Nähe des Busbahnhofes.

- Meru House Inn, Sokoine Rd., DZ self contained (Warmwasser) US$ 10, DZ mit gemeinschaftl. Toilettenanlagen US$ 5, ausgesprochen nettes und lebhaftes Hotel, sehr zu empfehlen. Im angeschlossenen Restaurant wird zu günstigen Preisen Wild serviert (Gnusteak US$ 5).

🛏 **Hotels der Kat. C**
- Splendid Hotel, Kikuyu Rd, ☎ 00255/57/2125, Bar/Restaurant, keine EZ, ruhig.

- Arusha by Night Hotel, Swahili St, ☎ 00255/57/6894, Dachterrassenbar mit herrlicher Aussicht auf Mt. Meru, vis-à-vis befinden sich mehrere Bars und Restaurants.

- Arusha by Night Annex Hotel, Stadium Rd ☎ 00255/57/8326, Restaurant im Hinterhof nur für Hotelgäste, einfache Zimmer.

- Bamakambi Safari Lodge, am Stadtrand sehr ruhig gelegen, ☎ 00255/ 57/2275, familiäre Atmosphäre, Restaurant.

- The Outpost, Serengeti Rd, ☎ 00255/57/8405, nettes, freundliches Hotel mit großen (nur teilweise *self contained*) Zimmern und Schlafsaal, etwa 15 Gehminuten vom Zentrum, Restaurant auf überdachter Terrasse mit kläglichem Angebot (Hühnchen vom Grill oder Hühnchen vom Grill), Campingmöglichkeit im Garten (2 Zelte zu vermieten, Platz für 20 bis 25 Zelte).

🛏 **Hotels der Kat. B/C**
- Arusha Resort Centre, Fire (Faya) Rd, ☎ 00255/57/8333, riesige, neue, saubere und gepflegte Anlage mit allem, was das Herz begehrt (außer Restaurant): EZ und DZ mit oder ohne Balkon, Apartment mit eingerichteter Küche für 2 oder 4 Personen, Suiten...

🛏 **Hotels der Kat. B**
- Golden Rose Hotel, Stadium Rd, ☎ 00255/57/7959, 8861, FAX 8862, schöne Zimmer mit Balkon, Restaurant.

- Hotel Equator, Boma Rd, ☎ 00255/57/3127, keine Klimaanlage, Bar und Restaurant im Garten.

- New Safari Hotel, am Clocktower-Kreisverkehr, ☎ 00255/57/2857 oder 3261, einige Zimmer nicht *self contained*, Diskothek, Garten mit Grill.

- Pallsons Hotel, Market St, ☎ 00255/57/8602 od. 3790, rel. schöne Zimmer, chinesisch-indisches Restaurant, gute Bar.

- Victoria House, sehr ruhig am Stadrand in der Old Moshi Rd gelegen, ☎ 00255/57/2422, FAX 1822, Tour Operator (gut).

- A.M. Investment 1988 Hotel, ☎ 00255/57/4291, nahe dem Arusha by Night Annex Hotel in Marktnähe, etwas zu teuer für das Gebotene, Restaurant mit indischer und internationaler Küche, beliebte Bar, große Zimmer.

🖚   **Hotels der Kat. A**

◆   New Arusha Hotel, am Clocktower Kreisverkehr, ☎ 00255/57/8541-3 FAX 8085, **bestes Hotel im Zentrum**, Casino.

◆   Impala Hotel, Old Moshi Rd/Moshi Rd, ca. 15 Gehminuten vom Zentrum, ☎ 00255/57/2398, 2962, FAX 8220, 8680, etwas unpersönlich, Restaurant und Bar.

◆   Novotel Mt. Meru, etwas zurückgesetzt hinter der Straße Nairobi-Moshi, ☎ 00255/57/2711, FAX 8925, luxuriösestes und teuerstes Hotel der Stadt, Tour Operator (gut, aber teuer).

☺   Hotels in der Umgebung von Arusha auf der Straße Richtung Moshi verfügen alle über Restaurant, Bar, Tour Operator Preiskategorie A und B (Touren im mittleren Preissegment angesiedelt):

◆   Hotel 77-Bungalows, Disko, ☎ 00255/57/8054, FAX 8407.

◆   Hotel Tanzanite, ☎ + FAX 00255/57/8459.

◆   Mt. Meru Game Lodge, ☎ 00255/57/8106, FAX 8268.

◆   Hotel Dik Dik-Bungalows, ☎ + FAX 00255/57/8110.

⚠   **Camping**

◆   Masai Campsite, Old Moshi Rd, ☎ 00255/57/8299, großzügig angelegte Anlage unter schottischer Leitung (annähernd europäischer Standard), ca. 30 Gehminuten vom Zentrum entfernt (Taxi ca. US$ 2 bis 3), Duschen, Restaurant, Zeltverleih, TV, Tour Operator. Die vorhandenen Bungalows sind meist von Saisonarbeitern belegt, dieser Teil wird vergrößert.

◆   Campsite hinter dem Equator Hotel ist z.Z. aus Gründen der Hygiene und Sicherheit geschlossen, soll aber renoviert werden (Auskunft im TTC-Büro).

◆   Auf der Straße Richtung Moshi, nahe dem Novotel Mt. Meru, "The African Club" Bar, Restaurant mit Campingmöglichkeit (*very basic*).

◆   Bei Ankunft am Busbahnhof spricht Sie u.U. Mr. William A. Makali, Taxifahrer (Auto-Nr. TZ 50075) an. Er vermietet sein Haus im Stadtteil Olorieni (am Stadtrand in bereits ländlicher und ruhiger Umgebung), im Garten ist Platz für 4 bis 5 Zelte (kein Verleih). Er ist seriös und zuverlässig, besuchte Deutschland und Holland und kennt somit die Probleme von Touristen. Preise sind Verhandlungssache (Kat. D).
     ☞ Hotels Kat. C, "The Outpost".

✗   **Restaurants/Bars**

◆   Das Angebot ist sehr groß. Hervorzuheben sind:

◆   Mandarin Palace, Serengeti Rd, Schwester-Restaurant des "China Garden" in Moshi, gute chinesische Küche.

◆   Das wahrscheinlich beste China-Restaurant der Stadt ist das "Shangha", Sokoine Rd. (neben der Post), kurz danach das "Tandor" mit indischer Küche.

◆   The Ethiopian Restaurant, neben dem Impala Hotel, meines Erachtens das **beste und schönste Restaurant der Stadt**, nicht billig.

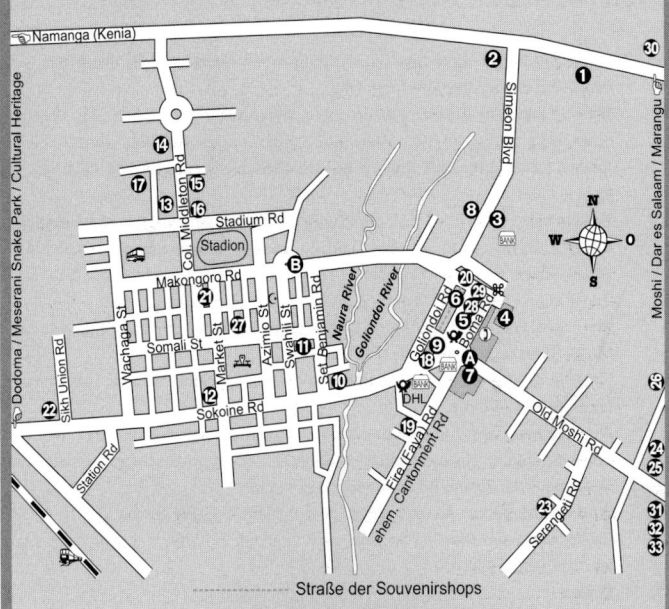

------ Straße der Souvenirshops

Arusha

- nicht maßstabsgerecht -

1. Novotel Mt. Meru
2. Schweizzy Resort
3. AICC (Arusha Int. Conference Center)
4. Equator Hotel
5. New Safari Hotel
6. YMCA
7. New Arusha Hotel
8. Immigration Office
9. Arusha Naaz Hotel
10. Chinese Restaurant
11. Arusha by Night
12. Pallsons Hotel
13. Midway Hotel
14. Palm Inn
15. Golden Rose

16. Arusha by Night Annex
17. A.M. 1988 Hotel
18. Mambo Café
19. Arusha Resort
20. The Barracuda
21. Amazon Hotel
22. Shanghai Restaurant
23. The Outpost
24. Impala Hotel
25. The Ethiopian Restaurant
26. Hotel 77
27. Robbanyson Hotel
28. TTC, Tanz. Wildlife Corp.
29. Air Tanzania - KLM
30. African Club & Bar Camp Site
31. Masai Camping
32. Hotel Victoria
33. Mandarin Palace

A. Clocktower-Kreisverkehr
B. Arusha Declaration Monument 1967

© Stein Verlag

- Schweizzy Resort, Ecke Simeon Rd/Straße Nairobi-Moshi, Grill, Biergarten, sehr beliebt bei der Stadtbevölkerung, billig.
- Bindya Restaurant, Sokoine Rd/Factory St, chinesisch-indisch, bietet auch Vegetarisches, billig.
- Johnnys Ravali Restaurant, Sokoine Rd/Azimio St, bietet ebenfalls Vegetarisches, billig.
- ☺ Weitere billige (ca. US$ 3 bis 5 für Hauptgerichte) bis sehr billige Restaurants befinden sich am bzw. rund um Markt und Busbahnhof. Restaurants der Hotels Kat. A und B zählen zur preislichen Oberklasse, sind aber erschwinglich (ca. US$ 15 bis 20 für ein dreigängiges Dinner incl. Aperitif, Bier und Kaffee).
- The Barraccuda Bar & Barbecue, typisch tansanische Bar größerer Ordnung, Live-Musik, Tagesbetrieb, **auf jeden Fall besuchen**.
- Dasselbe gilt für die namenlose Bar in der Gasse der Souvenirshops zwischen den Läden B 13 und B 12.
- Bars internationalen Zuschnitts sind in den Hotels der Kat. A zu finden.
- Mambo the Cafe, eines der wenigen "Kaffeehäuser", schenkt **sehr guten Kaffee und Kuchen** aus. Goliondoi Rd (UTC-Building, 1. Etage).
- Bamboo Cafe, Boma Rd. das neueste und modernste Cafe Arushas
- 🏦 **Banken** und Forex-Büros in der Sokoine Rd und am Clocktower- Kreisverkehr sowie im AICC (☞ Plan).

🚉 🍴 Einkauf

- Farbenprächtiger, großer Markt in Downtown (☞ Plan) mit großem Obst- und Gemüseangebot sowie Gebrauchsgegenständen.
- Souvenirshops in großer Auswahl rund um den Clocktower-Kreisverkehr und in den Hotels der Kat. A. Zwischen Old Moshi Rd und dem abschließenden Platz der Makongoro Rd, parallel zur Goliondoi Rd, verläuft eine enge, namenlose und im Stadtplan der TTC nicht verzeichnete Gasse, in der in einer Unzahl von Läden Tausende von Souvenirs angeboten werden (handeln!).
- The Cultural Heritage, ca. 5 km außerhalb der Stadt Richtung Dodoma, ist ein bestens organisierter, riesiger Shop mit überhöhten Preisen (kräftig handeln!), geboten wird alles (Tansanite mit Echtheitszertifikat sind hier etwas billiger als in den Shops in der Stadt, ca. US$ 40/Karat, geschliffen), im Garten gibt es ein kleines Freiluftmuseum mit nachgebauten Hütten der im Umland lebenden Völker, Restaurant, Cafe, DHL-Büro, Telefon- und Faxservice vorhanden. Auch wenn Sie nicht vorhaben einzukaufen, **unbedingt einen Besuch wert** (Taxi ca. US$ 5).
- Tanzania Wildlife Corporation, India St, verkauft Tierfelle, präparierte Tiere, bemalte und geschnitzte Straußeneier, Gehörn u.ä. mit Ausfuhrzertifikat zu vergleichsweise günstigen Preisen.
- Erwähnenswert ist auch das Porini neben Mambo the Cafe, das u.a. auch von Körperbehinderten hergestellte Produkte anbietet.

📖 **Bücher** im Kase Book Shop, Boma Rd, New Arusha Book Shop (New Arusha Hotel) und Africadabra Souvenirshop bei Mambo the Cafe.

🔳 **Immigration Office** (falls Sie Probleme mit Ihrem Visum haben) befindet sich vis-à-vis dem AICC, erkennbar an dem großen Schild "Immigration Canteen".

☏ **Postamt** am Clocktower-Kreisverkehr, DHL im AICC und in der Sokoine Rd, Telefon House schräg vis-à-vis dem Postamt.

🚌 **Busbahnhof** ☞ Plan (Verbindungen zu allen größeren Städten des Landes sowie nach Nairobi und Mombasa).

✈ **Flugverkehr**

♦ Air Tanzania, Boma Rd, ☎ + FAX 00255/57/3201.

♦ KLM, ebenfalls Boma Rd, ☎ 00255/57/6063, 8062, FAX 4033.

♦ Precision Air: AICC, Ngorongoro Wing, ☎ 00255/57/6903, FAX 8204.

♦ **Tour Operator** ☞ Die Begehung - Praktisches: Organisation und Durchführung.

⌘ Ein Besuch des Nationalmuseums in der Boma Road ist nicht zu empfehlen.

✍ **Sicherheitslage**: Tagsüber auf **Taschendiebe** achten. Ab Einbruch der Dunkelheit **unbedingt Taxi benutzen**, kein Gepäck (Tagesrucksäcke, Bananen- oder sonstige Taschen, Plastiktüten), keine großen Geldbeträge oder Schmuck, keine Fotoausrüstung mitnehmen!

Moshi

Dieser typischen tansanischen Provinzstadt (ca. 100.000 Ew.) fehlt das internationale Flair Arushas gänzlich. 500 m tiefer als Arusha gelegen und weit von Mt. Meru und Mt. Kilimanjaro entfernt, sinken auch nachts die Temperaturen nicht ab, 20° **Hitze, Staub und Stickigkeit** bestimmen den Alltag von Moshi.

🔳 Die Tourist Information in der Rengua Rd hat nichts mit der offiziellen TTC zu tun. Es sind drei privat organisierte Unternehmen, die sich hinter dem großen Transparent verbergen. Sie bieten Kilimanjaro-Besteigungen und Shuttle-Dienste (Devanu) an. Trotz dieses Tricks arbeiten sie seriös und zuverlässig. Ein TTC-Büro existiert in Moshi nicht.

🛏 **Hotels der Kat. D**

♦ New Kindoroko Hotel, ☎ 00255/55/54064, FAX 54062, einfaches, sehr sauberes Hotel, einige Zimmer *self contained* (Kaltwasser), Terrassenbar (Abendbetrieb) **mit phantastischem Ausblick auf den Mt. Kilimanjaro** sowie Bar im Erdgeschoß, empfehlenswertes Restaurant mit einheimischen Gerichten und Spaghetti.

♦ Hotel da Costa, kurz nach dem New Kindoroko, ☎ 00255/55/2003, das Billigste vom Billigen, aber auch das Letzte vom Letzten - eine Notlösung! Wasserleitungssystem kaputt, winzige, stickige Zimmerchen. Besuchenswert allerdings die außergewöhnliche (winzige) Bar in der 1. Etage, um mit dem Besitzer zu plauschen.

◆   Haria Boarding & Lodging, Mawenzi Rd vis-à-vis dem New Kondoroko, ☎ 00255/55/51128, Zimmer *self contained*, Restaurant.

◆   Granada Hotel, Chagga St, ☎ 00255/55/52698, sehr sauber, sehr freundlich, Restaurant.

◆   Coffee Tree Hotel, Kibo Rd (KNCU Building, 4. Etage), auch als KNCU-Hotel bekannt und beschildert, Zimmer *self contained*, Banana Grove Bar & Restaurant.

◆   Mlay's Residential Hotel, Market St, ☎ 00255/55/51792, sehr einfach, ebenfalls nur eine Notlösung.

◆   Chapadokia Lodge, Mawenzi Rd, neben New Castle Hotel, ebenfalls *very basic*, Zutritt zu den Zimmern von der zentral gelegenen und beliebten Bar aus - lärmempfindliche Menschen sollten dieses Hotel meiden, auch hier Wasserprobleme.

◆   Kilimanjaro Hotel & Bar, Station Rd, sehr einfache Unterkunft.

◆   Lutherians Womans Hostel (Hosteli ya wanawake) im ehemaligen Post Office untergebracht, ☎ 00255/55/54085, 52800, am Stadtrand von Moshi gelegen, es dürfen hier auch Personen männlichen Geschlechts und Paare übernachten, Restaurant, sehr sauber, sehr ruhig, sehr fromm.

◆   Climbers Hotel, Hill St (bei Mawenzi Restaurant), nächstgelegenes Hotel zum Busbahnhof.

◆   Serengeti Villa mit original tansanischer Bar und Restaurant - sehr laut, sehr tansanisch, sehr billig.

☞   **Hotels der Kat. C**

◆   New Castle Hotel, Mawenzi Rd, ☎ 00255/55/53203, Zimmer *self contained*, Terrassenbar **mit phantastischem Ausblick auf den Mt. Kilimanjaro**, der Eingang zu diesem immer einen geschlossenen Eindruck erweckenden Hotel liegt an der linken Seite (wenn man davor steht) in einem engen Gäßchen, Rezeption in der 1. Etage, unheimlich verwinkelte, etwas überteuerte Anlage (Preisnachlässe in den Nebensaisons), Restaurant läßt zu wünschen übrig.

◆   YMCA, am Askari-Kreisverkehr, ☎ 00255/55/52362, kleine Zimmer, teilweise *not self contained*, heißes Wasser ab 18:00, relativ teuer für das Angebot. Der Pool ist trotz Wassermangels meist gefüllt und auch für Nicht-Hotelgäste geöffnet (Eintritt US$ 2), Restaurant vorhanden. Der Tour Operator Transkibo Travel arbeitet seriös, aber nicht billig.

◆   Green Hostel (früher Green Cottage Hostel), ☎ 00255/55/53198 + mobil-☎ 0811/340161, hinter dem YMCA am äußersten Stadtrand in der Nkomo Ave gelegen, Zimmer teilweise *self contained*.

◆   Rombo Cottage Hotel, etwas außerhalb an der Straße Richtung Marangu gelegen, ☎ 00255/55/52112, alle Zimmer *self contained*, relativ ruhig gelegen.

☞   **Hotels der Kat. B**

◆   Keys Hotel, ebenfalls hinter dem YMCA (☞ Plan), ☎ 00255/55/52250, FAX 50073, etwas heruntergekommen, zu teuer, Zimmer *self contained*, Warmwasser.

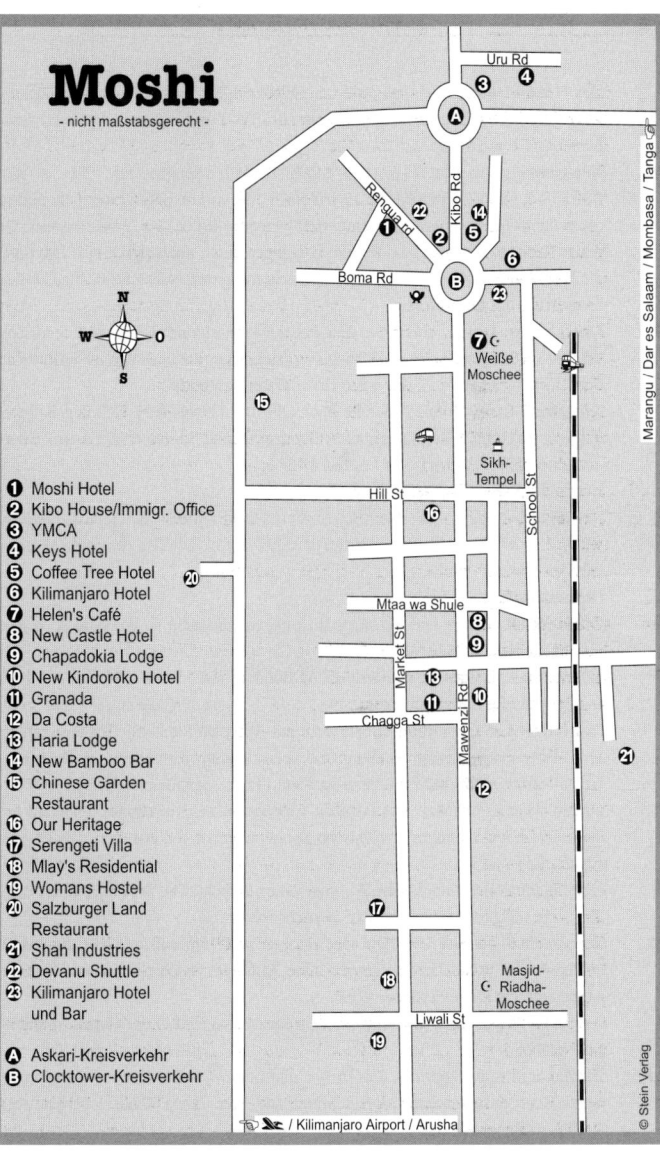

Moshi
- nicht maßstabsgerecht -

1 Moshi Hotel
2 Kibo House/Immigr. Office
3 YMCA
4 Keys Hotel
5 Coffee Tree Hotel
6 Kilimanjaro Hotel
7 Helen's Café
8 New Castle Hotel
9 Chapadokia Lodge
10 New Kindoroko Hotel
11 Granada
12 Da Costa
13 Haria Lodge
14 New Bamboo Bar
15 Chinese Garden Restaurant
16 Our Heritage
17 Serengeti Villa
18 Mlay's Residential
19 Womans Hostel
20 Salzburger Land Restaurant
21 Shah Industries
22 Devanu Shuttle
23 Kilimanjaro Hotel und Bar

A Askari-Kreisverkehr
B Clocktower-Kreisverkehr

Uru Rd
Kibo Rd
Renqua rd
Boma Rd
Weiße Moschee
Sikh-Tempel
School St
Hill St
Mtaa wa Shule
Market St
Mawenzi Rd
Chagga St
Liwali St
Masjid-Riadha-Moschee

Marangu / Dar es Salaam / Mombasa / Tanga

/ Kilimanjaro Airport / Arusha

© Stein Verlag

Das Hotel ist auch Tour Operator, bei gleichzeitiger Zimmer- und Tour-Buchung Reduzierung des Zimmerpreises um bis zu 50%. Das Restaurant hat auch schon bessere Zeiten gesehen.

◆ New Livingstone Hotel (vorher Moshi Hotel), Rengua Rd., ☎ + FAX 00255/55/55212, ehem. TTC-Hotel, nach wie vor heruntergekommen und zu teuer für das gebotene, Restaurant nach wie vor kläglich, Bar groß und leer. Die neuen Besitzer zeichnen sich wie die Vorgänger durch Knausrigkeit aus. Die durch die Privatisierung zu erhoffende Qualitätssteigerung wird wahrscheinlich ausbleiben - lassen wir uns überraschen.

◆ Moshi View Hotel, Kiusa St (Parallelstraße zur Market St) am Stadtrand, ☎ 00255/55/50993, FAX 50994, gutes Dachrestaurant und -bar mit Ausblick auf den Mt. Kilimanjaro, z.Z. **das beste Hotel dieser Kategorie**.

◆ Kilimanjaro Crane Hotel, 2. Straße nach Uhrturm-Kreisverkehr Richtung Bahnhof, das neueste Hotel dieser Kategorie; mit Restaurant und Bar (schöner Garten), Swimmingpool. ☎ 00255/55/51114, FAX 54876.

🖙 **Hotels der Kat. A**

◆ Kilimanjaro Lodge, zu buchen über Laitolya Tours & Safaris, Arusha, ☎ 00255/57/2422, das beste Hotel der Stadt bietet familiäre Atmosphäre, ebenfalls Ausblick auf den Berg, der bestiegen werden soll.

✕ **Restaurants/Bars**

◆ Das Angebot an Bars und Restaurants ist bei weitem nicht so groß wie in Arusha, die Highlights:

◆ "The Chinese Garden Restaurant", CCM-Building (☞ Plan) sicherlich das **beste und teuerste Restaurant** in Moshi.

◆ "Salzburger Land", Kenyatta Street, wirbt mit "Austrian Kitchen". Der Besitzer, Mr. Urio, lebte einige Zeit in Salzburg und versucht nun, österreichische Küche und Gemütlichkeit in Moshi heimisch zu machen. Ein Versuch, der z.Z. folgendermaßen aussieht: Wiener Schnitzel ("our style"), Cafe viennoise, Moselwein, Spaghetti und indische Gerichte. Das österreichische Speiseangebot soll erweitert werden. Versuchen Sie's mal.

◆ New Bamboo Bar, Old Moshi Rd, gegenüber dem KNCU-Building, neben Agip-Tankstelle, **original tansanische Bar, besuchenswert**.

☕ The Coffee Shop, Hill St (neben Our Heritage, ☞ Einkauf), ein Muß für Kaffeeliebhaber, **der wahrscheinlich beste Kaffee Tansanias**, Nichtraucherlokal (Raucher werden auf die kleine Terrasse verbannt).

◆ Zahlreiche Restaurants **mit einheimischem Speisenangebot** in der Market St und am Busbahnhof.

🏦 **Banken** am Kreisverkehr des Clocktower und in der Market Street. Forex-Büros in Boma Road Ecke Mawenzi/Market Street und Ecke Boma Road/1. Verbindungsstraße zur Rengua Road.

Immigration Office, Kibo House, Ecke Clocktower-Kreisverkehr/Kibo Road.

♦ Vertrauensperson der Deutschen Botschaft (nur für Notfälle!): R. Medoch (Mazao Ltd., Kaffeeproduktion), Lema Rd, ☎ 00255/55/55022, FAX 55021.

☎☏ **Postamt/Telefon House** am Clocktower-Kreisverkehr.

🚌 **Busbahnhof**: vis-à-vis der Großen (weißen) Moschee, Mawenzi Rd, ☞ Plan (Verbindungen zu allen größeren Städte des Landes sowie nach Nairobi und Mombasa).

🚉 **Einkauf**

♦ Ein bunter Markt (schräg vis-à-vis dem New Kindoroko) bietet Lebensmittel in Hülle und Fülle, Gebrauchsgegenstände und Alltägliches.

♦ Wenige Souvenirshops mit bescheidenem Angebot in der Rengua Rd (hinter dem Moshi Hotel) sowie in der Passage des KNCU-Building, Souvenirs verkaufen auch der Moshi Book Shop (Kibo St, religiöse Literatur) sowie die Läden der Mawenzi St.

♦ Shah Industries bietet von Körperbehinderten hergestellte Lederwaren (Gürtel, Taschen, Kleinkram), gepreßte Blumen und Holzwaren (Schnitzereien, Möbel, Uhren) an. Stadtgeschäft (Our Heritage) in der Hill Street, Produktionsbetrieb mit Verkaufshalle ☞ Plan.

> ✍ Die Sicherheitslage in Moshi ist ähnlich der in Arusha. Vorsicht!

🛩 **Flugverkehr**

♦ Air Tanzania befindet sich links neben dem Moshi Hotel.

♦ Precision Air ist durch Huduma Exim Ltd., ☎ 00255/55/53498, FAX 53495 und Emslies Ltd., ☎ 00255/55/51742, FAX 50236 vertreten.

♦ **Tour Operator** ☞ Die Begehung - Praktisches: Organisation und Durchführung.

Marangu

Dieses ausgesprochen weitläufige Dorf erstreckt sich auf den Hängen des Mt. Kilimanjaro und ist für Großstadtverächter und Naturliebhaber das **Nonplusultra** als Ausgangsstation. Vor den Toren des NP gelegen, steht es jedem offen, zum Aufwärmtraining durch endlos erscheinende Bananen-Kaffee-Mischkulturen zu spazieren, hin und wieder ein Chamäleon oder - abends - ein Buschbaby zu entdecken. Nach getanem Werk empfiehlt es sich, eine der zahllosen Bars am Straßenrand zu besuchen.

Doch Achtung, Sie befinden sich hier inmitten afrikanischer Kargheit und Armut, und neben Übermut und Ausgelassenheit werden Sie hier nicht mehr finden als Bier, Soft Drinks und evtl. Konyagi (ein tansanisches Produkt mit 34% Vol. Alkoholgehalt).

Wenn Sie Wert auf westliche Umgangsformen und Whisky on the Rocks legen, sollten Sie in Ihr Hotel zurückgehen.

Marangu ist die **Heimat fast aller Träger und Führer**, und diese werden Ihnen, sobald Sie Ihr Hotel alleine verlassen, ihre Dienste als **"Dorfführer"** anbieten:

Wasserfallbesuch - "good looking", einen Spaziergang durch Marangu, Marktbe-
such usw. Das kann aufgrund von Suahelikenntnis, Wissen um die lokalen
Gebräuche und Sitten, großer Bekanntschaft der Führer im Dorf usw. sehr lehr-
reich sein, bietet Vorteile beim Fotografieren und hält andere "Dorfführer" fern.

   Wenn Sie diese Dienste in Anspruch nehmen wollen, gehen Sie sicher, daß
dieser "Dorfführer" der englischen Sprache mächtig ist (eine Ganztagestour kostet
ca. US$ 5 bis 10). Fixpunkte einer solchen **Besichtigungs-Wanderung** sollten in
jedem Fall die **Kibo Art Gallery** (☞ Sehenswürdigkeiten) und der **Markt** sowie
der Besuch einer **Pombe-Bar** (*pombe* = traditionelles Gebräu aus Bananen
und/oder Hirse = Bananen-/Hirsebier) sein. Sie können natürlich auch alleine in
der Gegend herumstreifen.

   Das **Klima** Marangus ist **phantastisch**, tagsüber sehr warm bis heiß, mit erfri-
schender Abkühlung in der Nacht, fast keine Moskitos.

☛　　**Hotels der Kat. A**
◆　　Kibo Hotel, ☏ + FAX 00255/55/51308, ein **umstrittenes Hotel**: Die einen
　　　schwärmen vom historischen Charme und einem kolonialen Hauch ("...the unique
　　　atmosphere of Hans Meyer's days..."), dem freundlichen Management und der Ruhe
　　　und Gemütlichkeit. Die anderen sind der Ansicht, es sei eine alte, verrottete Bruch-
　　　bude, die man schleunigst abreißen sollte, denn eine Renovierung zahle sich nicht
　　　mehr aus. Sei's wie's sei, Tatsache ist jedenfalls, daß alle Zimmer im etwa hundert-
　　　jährigen Hauptgebäude über eine Badewanne verfügen, die dazugehörige Dusche
　　　allerdings nur in einigen wenigen Zimmern vorhanden ist. Warmwasser gibt es ab
　　　ungefähr 18:00, *ice cubes* in der Bar hin und wieder. Das Restaurant bietet ein drei-
　　　gängiges Menü mittags und ein ebensolches abends, die Qualität ist für afrikanische
　　　Verhältnisse gut. Wenn die Managerin in Nairobi weilt, sinkt das Niveau allerdings
　　　stark ab. Wer à la carte speisen möchte, muß sich gegen Aufpreis mit der Manage-
　　　rin auseinandersetzen, falls sie nicht zugegen ist, sollten Sie auf dieses Experiment
　　　verzichten. Der **Garten** - klein aber fein - bietet mitten im europäischen Winter eine
　　　wirklich phantastische Blütenpracht. Meine Meinung ist, daß das Kibo - historisches
　　　Gemäuer hin oder her - mit US$ 90/Person/Tag/HP einfach zu teuer ist.
◆　　Die angebotenen Touren werden einwandfrei durchgeführt, sind aber auch nicht bil-
　　　lig. Kein Ausblick auf den Mt. Kilimanjaro.
◆　　Marangu Hotel, ☏ 00255/55/51307, FAX 50639. Der erste Unterschied zum
　　　Kibo Hotel besteht im Alter. Das Marangu ist ungefähr fünfzig Jahre jünger; Bunga-
　　　lows (die anderen nennen es Baracken) aus Steinquadern mit passabler Innenaus-
　　　stattung (alle Zimmer mit Dusche) in **schönem und sehr großem Garten**, fast immer
　　　gefüllter Pool, freundliches Haupthaus mit Restaurant und Bar (Qualität und Ange-
　　　bot ähnlich dem im Kibo). Der zweite Unterschied: Man kann von hier bei klarem
　　　Wetter den Gipfel sehen. Preis wie Kibo Hotel - zu hoch für das Gebotene. Die

angebotenen Touren verlaufen auch hier zufriedenstellend und in etwas höheren preislichen Lagen.

♦ Hotel Capricorne, ☎ + FAX 00255/55/51309. Das neueste und einzige Hotel Marangus, das seine US$ 90/Person/Tag/HP wert ist, unter kenianisch-britischer Leitung. Erwähnenswert ist das einzigartige Kühlsystem in Cafe, Bar und Lounge: Ein kleiner Bach plätschert durch die hohen Hallen und sorgt nicht nur für Kühlung, sondern läßt einen auch entspannt am *five o'clock tea* nippen. Das **Restaurant ist vortrefflich** (speisen à la carte immer möglich), die Bar international bestückt. Das Capricorne verströmt das **Flair eines internationalen Hotels**, das bemüht ist, sich dem pseudo-afrikanischen Architekturstil anzupassen, das Personal ist höflich-distanziert und gut ausgebildet. Wer in seinem "Ghetto" bleiben und sich verwöhnen lassen will oder nach einem "Afrika-Spaziergang" im Dorf ein mehr oder weniger bekanntes Refugium nötig hat, ist hier richtig. Die angebotenen Touren sind die teuersten von Marangu, aber auch die besten.

☛ Wer nicht ins Ghetto eines Kat.-A-Hotels möchte, sondern "in Afrika" bleiben will, dem seien die einzigen beiden erwähnenswerten **Hotels der Kat. C** empfohlen:

♦ Babylon Lodge, ca. 750 m von der Hauptstraße entfernt (vis-à-vis der Abzweigung zum Kibo Hotel), ☎ 00255/55/51315. Ein **behagliches kleines Hotel** mit gemütlichem Restaurant und angenehmer Bar. Die angebotenen Touren sind preisgünstig und gut organisiert. Das Personal ist bei weitem nicht so gut geschult wie beispielsweise im Capricorne, dafür sind Kellner, Rezeptionist, Koch usw. der Sorte Mensch zuzuordnen, die man gemeinhin als "sehr umgänglich" bezeichnet. Wer nicht unbedingt im Ghetto leben will, ist hier gut aufgehoben.

♦ Bismarck Hut Lodge, auf halber Höhe zwischen NP-Eingang und Kibo Hotel gelegen (ca. 2,5 km vor Eingang), US$ 20, neueste Anlage in Marangu, Restaurant und Bar, schöne Gartenanlage. Der Betreiber der Lodge war früher Ranger im NP und steht für Auskünfte zur Verfügung.

⌂ **Camping** ist beim Hotel Marangu, Hotel Babylon und nach inständigem Bitten auch im Garten des Kibo Hotels möglich (jeweils ca. US$ 10/Person).

🏦 **Banken** oder Forex-Büros gibt es in Marangu nicht. Wechseln ist in den Hotels der Kat. A zu katastrophalen Kursen möglich.

🏴 **Einkauf:** Die Souvenirshops der genannten Kat.-A-Hotels haben ein kärgliches und teures Angebot (T-Shirts "I have done it"). Entlang der Straße zum NP Gate befinden sich zwei Shops, die meist geschlossen sind. In den Läden für Allgemeinbedarf finden sich hin und wieder herzige Kleinigkeiten (beispielsweise kunstvoll in Bananenblätter eingenähter Kautabak).

⌘ **Sehenswürdigkeiten**

♦ Das **Privatmuseum "Kibo Art Gallery"**, hinter dem Kibo Hotel gelegen, ist **unbedingt einen Besuch wert**. Besitzer ist Elimo Njau, geb. 1932 in Tansania, Studium der Malerei in Kampala, London und Nairobi, Dozent an der Makerere-Universität in

Kampala sowie der Nairobi University, lebt z.Z. in Nairobi und besitzt und führt dort die Paa ya Paa Art Gallery. Bereits sehr früh begann er mit privaten Mitteln **ostafrikanische Gegenwartskunst** zu sammeln, seine Sammlung zählt zu den bedeutendsten der Welt. Ein Teil davon ist in der Kibo Art Gallery zu sehen (Ancient Soi, Sam Nitro u.a.). Ein kleiner Teil ist antiquarischen Stücken (Masken, Stühle, Hocker) gewidmet (Eintritt US$ 1,50), kein Verkauf. Das Museum ist immer geschlossen, Sie müssen die Wirtschafterin links hinter dem Museum im kleinen Häuschen aufsuchen, die Sie einläßt und das Eintrittsgeld kassiert

🚌   Es gibt keinen zentralen Busbahnhof in Marangu. Alle Busse passieren die genannten Hotels - vor dem Eingang warten und winken, die Mitarbeiter an der Rezeption wissen über die Fahrzeiten annähernd Bescheid. Andere Destinationen als Moshi werden nicht angefahren. Der Devanu Shuttle Service kann telefonisch vom Hotelmanagement angefordert werden und holt Sie vom Hotel ab (US$ 10 nach Moshi, US$ 20 nach Arusha).

✋   Bezüglich **Sicherheit** ist Marangu zwar ein Hafen des Friedens, lassen Sie aber bei Ihren Streifzügen durch das Dorf Ihren Besitz nicht unbeaufsichtigt und dehnen Sie sie nicht in die Nachtstunden aus.

Dar es Salaam

Es fehlt hier der Platz, um Dar es Salaam detailliert zu beschreiben (☞ mein ReiseHandbuch *Tansania Sansibar*, Conrad Stein Verlag). Ich gebe hier deshalb nur grundlegende Informationen:

🚗   Taxi vom Flughafen ins Zentrum zum Hotel ca US$ 12 bis 15, Richtpreis für Fahrten innerhalb des Zentrums US$ 1,50.

ℹ️   Tourist Information (TTC), Samora Ave, ☎ 00255/51/26680, 27671-4, FAX 46780, kostenloser Stadtplan.

Da der Wanderer hier im Höchstfall eine Nacht verbringt, gebe ich pro Kategorie nur ein Hotel an, von dem ich überzeugt bin, daß es in Bezug auf das Preis-Leistungsverhältnis die beste Wahl ist.

🛏️   **Kat. D**
◆   Kibodya Hotel, Samora Ave, ☎ 00255/51/117856, US$ 9, Nkruhmah St. (Verlängerung der Samora Av. nach dem Clocktower-Kreisverkehr stadtauswärts).
🛏️   **Kat. C**
◆   Hotel Jambo Inn, Libya St. (nahe Busbahnhof!), ☎ 00255/51/114293, FAX 110711,: US$ 12, gutes Restaurant vorhanden.

♦ Falls Sie im Kibodya Hotel kein Zimmer bekommen, liegt schräg vis a vis (etwas stadtauswärts) das Continental Hotel (Kat. C), US$ 12, mäßiges Restaurant, laut.

🛏 **Kat. B**

♦ Palm Beach Hotel, Ali Hassan Mwinyi Rd (etwas außerhalb, Taxi ca. US$ 10), ☎ (mobil, GSM) 0811/327015, US$ 30. Gemütlich, *self contained, air condition,* mit beliebtem Restaurant, Bar, Garten, Grill, gemischtes Publikum.

🛏 **Kat. A**

♦ Hotel Sheraton, ☎ 00255/51/112416, FAX 113700 (am Rande d. Zentrums).

♦ Hotel New Africa, ☎ 0255/51/117139, FAX 116731 (im Zentrum).

△ Cine Club, Old Bagamoyo Rd (20 Automin. vom Zentrum), Bar, Restaurant.

✗ Unüberschaubares Angebot. Empfehlenswert: Alcove, Samora Ave. ind. Küche.

🏦 Banken, Forex-Büros in der Samora Ave, rund um den Askari-Kreisverkehr, India St und in den Seitenstraßen.

✋ Lassen Sie sich auf keinen Fall mit Schwarzwechslern ein!

🏬 Das Souvenirangebot ist hier geringer und teurer als in Arusha.

✈ British Airways, Sheraton Hotel, ☎ 00255/51/13820.

♦ Aeroflot, Samory Ave, ☎ 00255/51/23577.

♦ KLM, TDFL Building, Ohio Street.

♦ Air Tanzania, ATC Building, Ohio Street.

♦ Precision Air, Maarifa House, Ohio Street (vis a vis der Air Tanzania), ☎ 00255/51/130800, FAX 113036.

♦ Swissair, Luther House, Sokoine Drive, ☎ 000255/51/118870, FAX 112808.

🚌 Busbahnhof Ecke Morogoro/Libya St, Busse nach Moshi/Arusha früh vormittags.

♦ **Tour Operator** ☞ Arusha, Moshi, Marangu.

> ✋ Sicherheitslage: katastrophal, nach Einbruch der Dunkelheit nur per Taxi unterwegs sein, nie zu Fuß! Tagsüber auf Taschendiebe achten!

Kenia

Wenn Sie den Mt. Kilimanjaro von Kenia aus besuchen wollen, haben Sie wahrscheinlich einen Reiseführer für Kenia im Gepäck haben, ist es sinnlos, an dieser Stelle Nairobi und Mombasa zu beschreiben. Bezüglich der Anfahrt von diesen beiden Städten ☞ Transport.

Diplomatische Vertretungen

Ⓓ Botschaft der Vereinigten Republik Tansania, Theaterplatz 26, 53177 Bonn, ☎ 0228/358051, FAX 358226 (auch für Österreicher zuständig).

♦ Botschaft der Republik Kenia, Villichgasse 17, 53177 Bonn, ☎ 0228/ 935800.

Für die Erlangung eines **Visums** benötigt man: Antragsformular, Reisepaß, ab Einreisedatum mind. noch 6 Monate gültig, 1 Foto, Buchungsbestätigung über Rückflug, DM 20 (Österreicher DM 29), Rückporto. Dauer ca. 3 Wochen.

◆ Konsularabteilung der Botschaft der Vereinigten Republik Tansania, Theaterplatz 26, 53177 Bonn, ☏ 0228/358051-4, FAX 0228/358226, (Konsularbezirk: Bundesgebiet).

◆ Honorarkonsulat Tansania, Normannenweg 17-21, 20537 Hamburg, ☏ 040/254560, FAX 040/25456289, (Konsularbezirk: Land Hamburg).

◆ Honorarkonsulat Tansania, Bettinaplatz 2, 60325 Frankfurt a.M., ☏ 069/745989, (Konsularbezirk: Hessen und Baden-Württemberg).

◆ Konsularabteilung der Botschaft der Republik Kenia, Villichgasse 17, 53177 Bonn, ☏ 0228/935800, FAX 0228/9358050

◆ Honorarkonsulat Kenia, Mönckebergstraße 10, 20095 Hamburg, ☏ + FAX 040/ 30304229.

Ⓐ Österreicher wenden sich an die tansanische Botschaft in Bonn.

◆ Botschaft der Republik Kenia, Neulinggasse 29, 1030 Wien, ☏ 01/7123919, FAX 7123922 (Kosten öS 440).

◆ Konsulat Kenia, Hohe Warte 7a, 1190 Wien, ☏ 01/3685173, FAX 3687480

ⒸⒽ Permanent Mission of Tanzania, 47 Ave Blanc, Genf, ☏ 22/7318920, FAX 7328255 (Kosten sfr 50).

◆ Konsulat Kenia, Bleicherweg 30, 8039 Zürich, ☏ 01/2022244, FAX 2022256.

... in Tansania

Ⓓ Deutsche Botschaft, NIC Investment House, 10. Etage, Samora Ave (Ecke Ohio St), Dar es Salaam, PO Box 9541, ☏ 00255/51/117409-13, FAX 112944.

Ⓐ Das Generalkonsulat ist z.Z. nicht besetzt, Fr. Vizekonsulin Dr. I. Gebauer übernimmt die Agenden Österreichs. ☏ 00255/51/111722 oder ☏ + FAX 00255/51/116471. Das Büro des Konsulats in der Samora Av. (eine Tafel weist darauf hin) ist in der Regel nicht besetzt.

ⒸⒽ Schweizer Botschaft, PO Box 2454, Kenyatta Drive 17, Dar es Salaam, ☏ 00255/51/666008-09, FAX 666736.

... in Kenia

Ⓓ Deutsche Botschaft, Williamson House, Ngong Ave, Nairobi, ☏ 00254/2/712527, FAX 714886.

♦   Honorarkonsulat Mombasa, Palli House, Nyerere Ave, Mombasa,
    ☎ 00254/ 11/314732, FAX 314504.

Ⓐ   Österreichische Botschaft, Nairobi, Wabera St, City House,
    ☎ 00254/2/228281 + ☎ 229163, FAX 331792.

♦   In Mombasa gibt es ein Honorarkonsulat (ohne Befugnis, Pässe auszustellen),
    Nyerere Ave, Palli House, 3. Etage, ☎ + FAX 00254/11/313386.

ⒸⒽ Schweizer Botschaft, International House, Mama Ngina St, PO Box 30752,
    ☎ 00254/2/228735-6, FAX 217388.

Einreise

Zur Einreise benötigen Österreicher, Schweizer und deutsche Staatsbürger einen
gültigen **Reisepaß** (noch mind. 3 Monate gültig) sowie ein **Visum** (☞ Diploma-
tische Vertretungen).

Mittlerweile wird von den Grenzbeamten automatisch eine Aufenthaltsdauer
von 3 Monaten ins Visum eingetragen. Kontrollieren Sie trotzdem diese Eintragung, zu manchem Beamten sie die neuen Bestimmungen möglicherweise noch
nicht vorgedrungen. Es besteht auch die Möglichkeit, das Visum erst bei der Einreise an der Grenze zu beantragen (US$ 20). Ein statistisches Formular ist aus-
zufüllen und dem Beamten vorzulegen. Gepäckkontrollen werden üblicherweise
weder bei Ein- noch bei Ausreise durchgeführt.

✋   Die Einfuhr von Waffen (ohne Genehmigung), Rauschmitteln und Porno-
grafica wird **streng bestraft**!

Mit gültigem Visum gestaltet sich Ihr Aufenthalt problemlos (vorausgesetzt
Sie lesen auch den Rest des Buches). Ist Ihr Visum abgelaufen (falls nicht 3
Monate Gültigkeit eingetragen wurden) und Sie wollen länger bleiben, müssen Sie
es im Immigration Office (☞ Basisstationen Dar es Salaam, Arusha) verlängern
lassen.

☺   Rechnen Sie mit einer Wartezeit von ca. einem halben Tag und stellen Sie
sich schon zu Beginn der Öffnungszeit (8:30 bis 12:30) im jeweiligen Büro an
(☞Basisstationen, Stadtpläne von Arusha und Moshi).

Wollen Sie länger als 3 Monate bleiben, benötigen Sie eine Aufenthaltsge-
nehmigung - wenden Sie sich in diesem Fall an die tansanische Botschaft.

Essen und Trinken

Im "Tal"

Arusha und Moshi verfügen über eine große Anzahl von Restaurants, Gasthäusern, Tee- und Kaffeestuben, Quick-Imbissen usw. Die Palette der angebotenen Speisen reicht von ungesalzenem Maisbrei oder gekochtem Reis ohne jede Beilage in Garküchen am Straßenrand (*foodstalls*, ca. $ 1,00/Gericht) über die raffiniertesten Currys der indischen Küche oder Spaghettivariationen der italienischen Küche (US$ 3,50 bis 7,00/Person) bis hin zu den Standardgerichten der internationalen Küche (Top-Preise, bis zu US$ 20/Person), deren Qualität allerdings nicht immer internationalen Standards entsprechen muß.

Menschen mit empfindlichem Verdauungstrakt sollten **Garküchen unbedingt meiden**.

☝ **Leitungswasser** sollten alle Besucher meiden.

☺ Kontrollieren Sie vor Bestellung in teureren Restaurants anhand des Kleingedruckten der Speisekarte, ob es sich bei den ausgewiesenen Beträgen um Inklusivpreise handelt oder nicht.

☝ Merken Sie sich auch das Aussehen des Kellners, bei dem Sie zahlen - da Trinkgelder in Höhe von 5 bis 10% erwartet werden, geht das Wechselgeld oft sehr krumme Wege.

☺ Vegetarier halten sich an indische Restaurants oder an das riesige Angebot von Früchten auf den Märkten (in den billigeren Häusern wird sich niemand darüber aufregen, daß Sie Mitgebrachtes zum Bestellten verzehren). Adressen und Lage der Restaurants und Märkte in Arusha und Moshi ☞ Pläne im Kapitel Basisstationen.

Am Berg

Bergwandern stellt eine intensive Beanspruchung des gesamten Organismus dar. Die Leistungsfähigkeit der Wandernden ist nicht nur von ausreichendem Training, sondern in hohem Maße auch von **gezielter Ernährung** abhängig, vor allem aber von der Vermeidung von Ernährungsfehlern.

Im Gegensatz zum "Normalleben" ißt man am Berg nicht nur, um Hunger und Durst zu stillen, sondern in erster Linie, um die Leistungsfähigkeit zu **erhalten** und um verschiedenen körperlichen Funktionsstörungen **vorzubeugen**. Es ist aber ein Irrtum anzunehmen, daß man lediglich durch richtige Ernährung eine Leistungssteigerung erzielen kann.

☺   Sämtliche Lebensmittel müssen vom Tal **mitgenommen werden**, bei den Hütten oder in den Camps gibt es **keine** Vorräte. Lediglich an den Hütten des Marangu Trails bieten Ranger in Eigeninitiative und auf eigenes Risiko Coca-Cola, Bier, Schokolade und Kekse an.

Was essen und trinken?

▶   Etwa 70% des Proviantes sollten aus **Kohlenhydraten** (Mehlprodukte, Gemüse, Obst, Zucker), den wichtigsten Energielieferanten beim Wandern, bestehen.

▶   **Fette** sind zwar unerläßliche Nahrungsbestandteile, zur Energiegewinnung aber weniger geeignet, da sie zur Verbrennung dreimal soviel Sauerstoff benötigen wie Kohlenhydrate.

▶   **Eiweiße** sind ebenfalls sehr wichtig für die Erhaltung der Leistungsfähigkeit.

▶   Da eine Kilimanjaro-Besteigung im Schnitt nur 5 oder 6 Tage dauert, ist die Zufuhr von künstlich hergestellten **Vitaminen** und **Spurenelementen** in Form von Tabletten nicht erforderlich.

▶   **Salz** verliert der wandernde Mensch durch das Schwitzen, eine Körperfunktion, die beim Bergwandern vorherrschend ist. Sie sollten daher Ihre Speisen etwas stärker salzen als gewohnt.

▶   Das wichtigste Nahrungsmittel ist **Wasser**, und daher stellt ausreichendes Trinken die wichtigste Tätigkeit während einer Tour dar! Durch das Schwitzen bei starker körperlicher Anstrengung verlieren Sie pro Stunde bis zu 2 l Flüssigkeit, zum Anfeuchten der Atemluft auf dem Weg zur Lunge benötigen Sie, vor allem in kalter, trockener Luft in großer Höhe, bis zu 5 l Wasser/Tag - mit Harn und Stuhl verlieren Sie auch noch rund 2 l. Trinken Sie daher so oft wie möglich und über den gesamten Tourverlauf gleichmäßig verteilt.
Jeder Flüssigkeitsverlust führt zur Bluteindickung, diese kann zu rascher Ermüdung und Erschöpfung, Erfrierungen, Thrombosen, allgemeinen Höhenproblemen usw. führen (☞ Gesundheit).

🖐   Auch wenn Sie keinen Durst verspüren - das übliche normale Durst- und Hungergefühl vermindert sich bei zunehmender Höhe drastisch - lautet die Devise: **trinken, trinken und noch einmal trinken**. Als Faustregel: Pro Stunde körperlicher großer Anstrengung **1 Liter Flüssigkeit** zusätzlich.

Bis zu einer Höhe von 3.000 bis 4.000 m fließt routenabhängig Wasser in Trinkqualität in großen Mengen die Hänge hinab. Ab dort muß Wasser auf Trägerrücken mitgenommen werden.

Wie essen und trinken ?

Der Wandertag soll mit einem in Ruhe und ohne Zeitdruck genossenem **Frühstück** mit viel Flüssigkeit beginnen (ausgenommen davon ist das letzte Frühstück vor dem Gipfelsturm, ☞ weiter unten). Während der Wanderung sollte man etwa alle zwei Stunden eine (sehr) **kurze Rast** einlegen und eine Kleinigkeit essen, z.B. Kekse oder Schokolade (schnelle Energielieferanten), und wieder viel trinken. Üblicherweise wird nach der halben Strecke eine **längere Rast** zum Verzehr des Lunchpaketes gehalten. **Unmittelbar nach der Tour**, bei Ankunft auf der Hütte, nur einen kleinen, leichten Imbiß einnehmen und wieder viel trinken. Die **wichtigste und ausgiebigste Mahlzeit** des Tages soll **erst ein bis zwei Stunden nach Ankunft** erfolgen, natürlich wieder begleitet von großer Flüssigkeitsaufnahme.

Konzentratnahrung ("Astronautenfutter") ist hier fehl am Platz und belastet nur Ihren Geldbeutel.

Für Zusammenstellung, Einkauf und Zubereitung der Nahrung ist der Tour Operator verantwortlich (☞ Die Begehung - Praktisches: Führer, Träger, Ranger). Im großen und ganzen halten sie sich an die oben angeführte Zusammenstellung und Vorgehensweise. Vor Antritt der Wanderung sollten Sie aber zumindest die Anzahl der geplanten Mahlzeiten überprüfen.

Wer bestimmte Nahrungsmittel (Hülsenfrüchte, scharfe Zwiebeln, Schwarztee o.ä.) aus gesundheitlichen, religiösen oder anderen Gründen nicht essen darf, sollte dies mit dem Tour Operator besprechen. In bescheidenem Umfang lassen sich auch vom günstigeren Tour Operator Änderungen organisieren. Wer bestimmte Lebensmittel in großen Mengen zu verzehren pflegt, sollte dies auch mitteilen; so wird z.B. pro Person für eine 6-Tages-Tour üblicherweise nur 0,5 kg Zucker einkalkuliert. Für Schweinefleischliebhaber: Dieses ist praktisch nicht erhältlich.

Andere Leckermäuler brauchen auf ihre Lieblingsgerichte (falls sie bei einem der guten und teuren Tour Operators oder bei einem Hotel der Kat. A gebucht haben) nicht zu verzichten: Bei entsprechend tiefem Griff in den Geldbeutel läßt sich alles arrangieren - Nairobi, die Konsummetropole Nr. 1 in Ostafrika, ist nicht weit (ob sich der Koch allerdings auf die fachgerechte Zubereitung von Hummerravioli versteht, ist eine andere Frage).

◆   Ein Beispiel für die typische Ernährung während der Wanderung:

◆   **Frühstück**: Schwarztee mit Zucker und Milchpulver, Weißbrot, Margarine, Marmelade, Eier, Obst.

- **Lunchpaket**: Sandwich mit kaltem Rindfleisch, Tomaten, grünem Salat, Obst, Ei, Schwarztee.
- **Imbiß** bei Ankunft am Camp: Schwarztee, Nüsse, Kekse, Popcorn.
- **Dinner**: Suppe (Instantprodukte zumindest als Basis), Brathuhn mit Reis, Sauce, Gemüse und Weißbrot.
- **Nachtisch**: Pfannkuchen mit Marmelade, Obst, Schwarztee.

☺   Das Frühstück vor dem Gipfelsturm (gegen Mitternacht) sollte **nur klein** ausfallen: 1 bis 2 Tassen Tee, einige Kekse, fertig - Abmarsch. Zum einen hält das letzte Abendessen noch vor, zum anderen ist die Bewältigung eines groß angelegten Frühstücks in Verbindung mit der Höhenlage für den Körper sehr belastend und könnte störende Folgen haben. Die Ernährung am Berg schlägt im Schnitt mit ca. US$ 10/Tag/Person zu Buche.

Umweltzerstörung durch Lebensmittelzubereitung

Heutzutage wird jedes Gericht, das der Wanderer warm zu sich nimmt, auf offenem Lagerfeuer zubereitet. Der Brennstoff wird der Umgebung entnommen. Durch den enormen Ansturm von Touristen ist das natürlich angefallene Klaubholz in näherer und weiterer Umgebung der Camps und Hütten schon lange verbrannt worden; es werden daher vermehrt lebende Bäume und Stauden gefällt. Für die Hütten und Camps der Steinwüstenregion (Barafu, Arrow Glacier, Western Breach, Karanga, Rongai II, Kibo Hut) muß Brennholz von den vorher gelegenen Hütten/Camps mitgeschleppt werden - manche dieser Camps sind bereits von **Halbwüste** umgeben.

Das Schlagen, Sammeln und die Verwendung von Feuerholz sind lt. "Draft National Policies for National Parks in Tanzania" verboten. Tour Operators müßten ihre Gruppen mit Petroleumkocher o.ä. ausstatten - das kostet Geld (mehr Träger, mehr Material, mehr Ausgaben - zu diesem Teufelskreis ☞ Die Begehung - Praktisches : Hütten und Camps). Um zumindest den Wald des Marangu Trails vor Zerstörung zu retten, soll nahe der Horombo-Hütte in der Horombo Staging Area ein Petroleumtank errichtet werden (☞ Die Trails - Einführung). ✗   ☞ Basisstationen.

Foto, Film und Video

🖐   Verpacken Sie Ihre gesamte Ausrüstung sehr sorgfältig (Stürze in schwierigem, nassem Gelände usw.) und in jedem Fall staub- und wasserdicht! Führen Sie ein Reinigungsset mit sich, und benutzen Sie es!

☺ In Arusha oder Moshi sind Foto-Filme (meist 100 ASA) erhältlich, Dia-Filme sind seltener zu bekommen. Prüfen Sie das Ablaufdatum. Videokassetten in guter Qualität zu erhalten, ist schwierig bis unmöglich; für Tonbandkassetten gilt dasselbe.

✋ Aufnahmen von öffentlichen Gebäuden (Polizei, Flughafen, Brücken, Bahnhöfe, Gefängnisse usw.), Regierungsmitgliedern und deren Fahrzeugen (erkenntlich an Wimpeln, Fahnen und Polizeieskorte) sind verboten. Fahrzeuge der Regierung, Polizei usw. erkennt man an den Nummernschildern: gelber Grund, schwarze Schrift (meist) mit tansanischer Flagge. Die Buchstaben-Ziffern-kombination beginnt mit den Buchstaben ST (*serikale tanzania*); theoretisch dürfen auch Fahrzeuge mit grünen Schildern (Diplomaten) und blau-weißen (Uno) nicht fotografiert werden sowie von Geld sind bei Strafe **verboten**. Ausgenommen sind davon das NP-Hauptquartier in Marangu sowie die Hütten und Camps am Berg.

▶ **Aufnahmen von Menschen** (besonders auf den farbenprächtigen Märkten) sind eine heikle Angelegenheit. Aus den verschiedensten Gründen wollen die Menschen nicht abgelichtet werden - es sei denn, Sie fragen vorher höflich um Erlaubnis. Das Einverständnis ist meist mit einer Forderung nach Bezahlung verbunden, die sich zwischen einem halben US-Dollar und einer Phantasiesumme bewegen kann - handeln! Die Situation vereinfacht sich, wenn sich Einheimische in Ihrer Begleitung befinden.

Angestellte Träger und Führer setzen dem Wunsch nach Ablichtung keine Geldforderungen entgegen. Man wird Sie aber, sollte das abschließende ☞ Trinkgeld zu gering ausfallen, ziemlich energisch an diesen Dienst erinnern.

Sei's wie's sei, es ist auch in diesem Fall ein Gebot der Höflichkeit, vor dem Fotografieren um Erlaubnis zu fragen.

☺ In der Regenwaldzone und den unteren Lagen der Heidezone herrscht akuter **Lichtmangel**. Die Verwendung lichtempfindlicher Filme (400 ASA) bzw. eines Stativs ist speziell bei Vorschaltung von Filtern unumgänglich.

✋ Verwenden Sie aufgrund der extremen **Kälte** in höheren Lagen nur **neue Silberoxid-Batterien**, und führen Sie stets Reservebatterien mit sich. Bedenken Sie, daß auch Akkus bei Kälte in ihrer Leistung nachlassen und daß es am Berg keine Möglichkeit gibt, diese aufzuladen.

☺ Ursache für Kameraausfälle ist oft nur ein hauchdünner Wasserfilm zwischen den beiden versorgenden Knopfbatterien - aufschrauben, trockenwischen, wieder einbauen - (meist) erledigt.

Geld

Währung

Die Währung Tansanias ist der **Tanzania Shilling (tsh)**, erhältlich in Noten zu 10.000, 5.000, 1.000, 500, 200 tsh, Münzen zu 100, 50, 20, 10 und (sehr selten) 5 tsh. Die Einteilung in 100 Cents ist aufgrund der hohen Inflationsrate obsolet geworden. Aus dem selben Grund sind alle Preise im Text in US-Dollar angegeben. Noten mit einem Nennwert von tsh 20.000 und 50.000 sind in Vorbereitung. Nehmen Sie diese aber nur in Banken und FOREX-Büros an!

Tansanisches Geld darf nicht ausgeführt werden (ein kleiner Betrag für Kaffee o.ä. in der Wartehalle wird in der Regel toleriert).

✋ Die Bezahlung für den Ausflug auf den Kilimanjaro (Gebühren, Träger, Essen, Versicherung usw.) erfolgt beim *tour operator*. Es kann in US$ (das ist ihm lieber) oder tsh bezahlt werden.

Korrekt arbeitende Tour Operators akzeptieren auch **Reiseschecks** (American Express). Gegenüber Unternehmen, die keine Reiseschecks akzeptieren (und die Ihnen auch durch zusätzliche "Merkwürdigkeiten" auffallen), sollten Sie vorsichtig sein (☞ Die Begehung - Praktisches: Organisation und Durchführung). Der Kurs für US$-Reiseschecks liegt etwas unter dem für bar-US$ (ca. 5 %). Falls der Kurs für Schecks besser als der für bar-US$ ausgewiesen ist, erkundigen Sie sich nach der Höhe der Provision!

▶ Bezahlung mit "Plastikgeld" (sprich Kreditkarten) ist nur bei ganz großen Unternehmen (☞ Die Begehung - Praktisches: Organisation und Durchführung) und in Hotels der Kat. A möglich.

Wechseln

In Arusha wie in Moshi gibt es **Banken** und sog. **Forex-**(Foreign Money Exchange) **Büros** (Lage ☞ Basisstationen). Die Kurse in den Forex-Büros sind besser als in den Banken, die Abwicklung nimmt wesentlich weniger Zeit in Anspruch. Auch in **Hotels der Kat. A** kann gewechselt werden - dies ist die teuerste Möglichkeit.

✋ US$-Banknoten sind seit 1989 z.T. mit einem **Sicherheitsstreifen** versehen. Das von Banken wie Forex-Büros verwendete Gerät zur Überprüfung der Echtheit der Banknoten erkennt nur diesen Streifen. Alle älteren Banknoten ohne Sicherheitsstreifen - und davon sind noch Millionen im Umlauf - werden als **gefälscht** betrachtet und nicht angenommen. Stellen Sie daher beim Einkauf von US$ sicher, daß Sie nur Banknoten mit Sicherheitsstreifen erhalten (jede Bank wird diesem Wunsch entsprechen, wenn Sie ihr dazu die nötige Zeit lassen).

▨   Mo bis Fr ▧ 8:30 bis 12:30 und 14:00 bis 16:00, einige auch Sa ▧ 8:30 bis 11:30.

◆   Forex-Büros haben zu sehr unterschiedlichen Zeiten geöffnet (saisonabhängig). Während der Hauptsaison (Juli, August, Dezember, Januar): 8:00 bis zumindest 18:00, teilweise auch am Wochenende.

☚   In Hotels der Kat. A können Sie immer (zumindest tagsüber) wechseln.

✋   Wechselangebote von Privatpersonen in den Straßen Arushas und Dar es Salaams mit Phantasiekursen erfolgen in betrügerischer Absicht!

Im März 2000 standen die **Wechselkurse** für US$ 1 bei tsh 810 in den Banken, tsh 605 bis 805 in den Forex-Büros (für US$-Scheine zu 100 und 50, der Kurs für kleinere Scheine ist wesentlich schlechter), die Kurse in den Hotels sanken teilweise ab auf tsh 700 (auch für große Scheine). Die Kurse für Reiseschecks liegen ca. einen Prozentpunkt unter denen für bare US$. Es können auch US$ gekauft werden (zumindest in Forex-Büros), allerdings zu sehr hohen Preisen. Das Wechseln von großen US$-Scheinen in kleine ist in Forex-Büros möglich. DM, sfr und öS werden anstandslos gewechselt, wenn auch zu vergleichsweise schlechten Kursen (5.000-Schilling-Scheine sind nicht jedem Bankangestellten bekannt, was manchmal zu Verzögerungen führt). In Marangu existiert weder eine Bank noch ein Forex-Büro, die Kurse der Hotels sind die schlechtesten von Tansania.

▨   ☞ Basisstationen.

Gesundheit

Tropenkrankheiten

▶   Reisen Sie aus Deutschland, Österreich oder der Schweiz direkt ein, ist von den tansanischen Behörden keine Impfung vorgeschrieben. Reisen Sie jedoch aus einem Gelbfieberinfektionsgebiet (praktisch jeder Staat Afrikas, Südamerikas und Asiens) ein, so ist eine **Gelbfieberimpfung** zwingend vorgeschrieben. Das gilt auch, wenn Sie nur einen Zwischenstopp (z.B. zum Auftanken des Flugzeuges) in einem dieser Gebiete hatten.

Falls Sie zum Relaxen die Strände Sansibars ins Auge gefaßt haben sollten: Hier ist die Gelbfieberimpfung für die Einreise zwingend vorgeschrieben, egal, woher Sie kommen.

✋   Als Nachweis für die erfolgte Impfung wird in jedem Fall nur die Eintragung im **Internationalen (gelben) Impfpaß der World Health Organization** (WHO) anerkannt.

▶   In Bezug auf die Notwendigkeit einer Prophylaxe gegen die klassische Tropenkrankheit **Malaria** ist man in der Medizin geteilter Meinung: Während die einen eine Prophylaxe für unabdingbar halten, sobald man nur einen Fuß in ein malariaverseuchtes Land wie Tansania setzt, vertrauen die anderen darauf, daß ein erwachsenes und durchschnittlich intaktes Immunsystem mit der Malaria ein bis zwei Wochen lang - das ist genau die Zeit, die Sie für eine Kilimanjaro-Besteigung benötigen werden - selbst fertig werden kann.

Lassen Sie sich von kompetenter Medizinerseite untersuchen und beraten. Wer länger im Land bleiben will, sollte sich unbedingt vor Malaria schützen.

▶   In Ihrem eigenen Interesse möchte ich Ihnen dringend **Schutzimpfungen** gegen **Tetanus**, **Cholera**, **Typhus**, **Paratyphus**, **Gelbfieber** und **Hepatitis** A und B ans Herz legen. Suchen Sie 6 bis 8 Wochen vor Ihrer geplanten Abreise Ihren Hausarzt oder das nächstgelegene tropenmedizinische Institut auf, wo man sie individuell beraten wird.

📖   Gesund unterwegs, Dr. Karl Lang, OutdoorHandbuch Basiswissen für Draußen Bd. 36, 61 Seiten, Conrad Stein Verlag, ISBN 3-89392-136-2, DM 12,80.

Bergkrankheiten

▶   Die Hütten der Marangu-Route sind mit Funk und Tragbahren ausgestattet. Bei Buchung einer Tour werden Sie durch Entrichtung einer vorgeschriebenen Gebühr **automatisch** Mitglied bei der tansanischen Bergrettung. Diese ist im Unglücksfall für den Primärtransport (von der Unfallstelle ins nächstgelegene Krankenhaus) zuständig. Rückholversicherungen greifen nur für den Sekundärtransport, d.h. vom tansanischen Krankenhaus in die Heimat. Die Organisation eines Primärtransports durch die Bergrettung übernimmt Ihr Führer für Sie.

☺   Bei vernünftiger Wanderweise und aufmerksamem Studium dieses Buches wird Ihnen nichts passieren. Daher sind die folgenden Absätze dieses Unterkapitels nur für extreme Ausnahmesituationen geschrieben worden.

▶   Bei der Einschätzung von Höhe, UV-Strahlung und ertragbarer Kälte als wesentlichen Problemfaktoren wird von vielen, auch erfahrenen Wanderern der **Einfluß von Wind** und **Regen** auf den **Faktor Kälte** (sog. *chill factor*) unterschätzt oder gar übersehen.

Ein Beispiel soll dies verdeutlichen: Eine gemessene Temperatur von -10° (z.B. an der Kibo-Hütte) wirkt sich bei einer Windgeschwindigkeit von 20m/sec (entspricht 72 km/h) wie eine Temperatur von -36° aus, womit wir uns fast in arktischen Verhältnissen bewegen.

Durch ein außergewöhnlich ungünstiges Zusammenspiel von Faktoren wie Kälte, Nässe, Wind, Bewegungsmangel (z.B. bei Verletzungen), ungenügenden Wärmeschutz (Kleidung), Flüssigkeitsmangel (Bluteindickung) und Höhe kann es bereits bei Temperaturen von $+10°$ zu **örtlichen Erfrierungen** an exponierten Körperstellen (Zehen, Finger, Nase, Ohren) kommen.

Meist kündigen starke Schmerzen in den gefährdeten Körperteilen das Vorstadium einer örtlichen Erfrierung an, es sei denn, dieses Signal wird durch Alkoholisierung oder Drogenkonsum außer Kraft gesetzt.

▶   Bei **Erfrierungen ersten Grades** ist die Haut wachsweiß, kalt, gefühl- und schmerzlos, dieser Zustand ist durch Erwärmung voll rückbildungsfähig. Allerdings ist der Prozeß der Wiedererwärmung in der Regel sehr schmerzhaft.

▶   Die Blasenbildung und blaurote Verfärbung der Haut bei **Erfrierungen zweiten Grades** ist erst nach 2 bis 3 Tagen erkennbar.

▶   Auch **Erfrierungen dritten Grades** werden frühestens nach mehreren Tagen erkennbar - die Haut ist schwarz und hart wie Porzellan. Die betroffenen Körperteile sind unrettbar verloren und müssen **amputiert** werden.

Erste Hilfe

Jede Erfrierung sieht anfangs aus wie eine erstgradige! Daher ist es notwendig, vom schlimmstmöglichen Fall - dem Vorliegen einer drittgradigen Erfrierung - auszugehen und sie entsprechend zu behandeln:

▶   Stelle mit eigener oder fremder Körperwärme **anwärmen** (nicht mit Schnee einreiben), benachbarte Körperteile durch Massieren **passiv bewegen** (nicht die Erfrierung selbst , da es sich dabei um eine offene Wunde im medizinischen Sinn handelt), keim- und vor allem druckfrei **verbinden** (durch Watteverband).

▶   **Heiße, gezuckerte** und salzreiche **Getränke** einnehmen (gezuckerter und gesalzener Tee ist vielleicht nicht jedermanns Sache, hilft aber). **Unter keinen Umständen Alkohol** trinken!

▶   Sofortiger Abmarsch in eine **sichere Unterkunft**. Bei schweren Erfrierungen, d.h. das Opfer kann selbst nicht gehen, nur liegend transportieren. In der gesicherten Unterkunft können Sie heiße, gezuckerte Alkoholgetränke zu sich nehmen. Sie sollten aber zusätzlich mehrmals täglich **Bewegung in sehr warmem Wasserbad** (35° bis max. 42°, Fieberthermometer) vornehmen, danach die erfrorenen Stellen vorsichtig abtrocknen und wieder keim- und druckfrei verbinden.

▶   **Neuerliche Kälteeinwirkungen** müssen **unbedingt vermieden** werden - das Wiedereinfrieren bereits aufgetauter Körperteile bedeutet stets sichere Amputation. Sollten sich Blasen bilden (Erfrierungen zweiten Grades), diese niemals aufstechen und ein Aufplatzen vermeiden.

▶   So schnell wie möglich, spätestens aber nach einer Woche zum Arzt!

▶   Sinkt die Temperatur des Körperkerns (Herz, innere Organe, Gehirn usw.) unter dem Einfluß derselben Faktoren, die Erfrierungen bedingen, im Zusammenspiel mit beispielsweise hohem Blutverlust, Bewegungsarmut, Konditionsschwäche, Alkoholeinwirkung und/oder fehlender Höhenanpassung auf einen Wert von deutlich unter 37°, so spricht man bei Temperaturen bis zu 30° von allgemeiner, sog. "Leichter **Unterkühlung**" (Hypothermie) (im Gegensatz zur "Schweren Unterkühlung" bzw. "Unterkühlung bei Scheintod") - das ist ein **lebensbedrohender** Zustand! Symptome sind Muskelzittern, beschleunigter Puls und Atmung, schwindende Muskelkraft, das Bewußtsein ist (noch) vorhanden.

Unterkühlung kann auch bei Plusgraden auftreten, wenn Sie beispielsweise verletzt und bewegungsunfähig über einen längeren Zeitraum in einem kalten (+10°) Bach liegen.

Lange bevor es überhaupt zu einer Unterkühlung des Körperkerns kommen kann, machen Symptome wie beispielsweise das bekannte Kältezittern ein Weitermarschieren so unangenehm, daß man freiwillig darauf verzichtet und umkehrt. Durch Alkohol- bzw. Drogengenuß kann dieses Warnsystem allerdings beeinträchtig bzw. außer Kraft gesetzt werden.

▶   Unbedingt **Schutz vor weiterer Abkühlung** (Decken, Folien, Bekleidungsstücke o.ä.), aktive oder passive **Bewegung unter allen Umständen vermeiden** (sind parallel Erfrierungen zu bemerken, nicht massieren!), **heiße, gezuckerte Getränke (keinen Alkohol)** einnehmen, Atmung und Kreislauf beobachten, **keine Wärme von außen** zuführen (keine heißen Bäder). Der Körper wärmt sich allmählich wieder selbst auf, trotzdem muß für sofortigen Abtransport **in sichere Unterkunft** gesorgt werden.

Unter allen Umständen ist ein über die normale Ruhezirkulation hinausgehendes Eindringen der noch kälteren Blutflüssigkeit der Körperaußenseite (Peripherie) **in den Körperkern zu verhindern**, daher muß der Unterkühlte so **schonend** wie nur menschenmöglich transportiert werden, und es dürfen **keine Massagen** verabreicht werden.

📖   Erste Hilfe, Martin Schepers,, OutdoorHandbuch Basiswissen für Draußen, Band 39, 116 S., Conrad Stein Verlag, ISBN 3-89392-139-7, DM 14,80.

✋   Erfrierungen und Unterkühlungen treten im Normalfall, das heißt bei Alkohol- und Drogenabstinenz, vernünftiger Bekleidung und Ausrüstung sowie bei Befolgen der Hinweise des Führers sicher nicht auf.

▶   Anders verhält es sich mit **Muskelkrämpfen**. Diese plötzlichen Verkrampfungen treten während oder kurz nach einer Tour bei Überbeanspruchung bzw. mangelhaftem Trainingszustand zuerst in den Waden (Unterschenkeln) auf. Bei leichten Krämpfen sollte man mit stark **reduziertem Tempo** weitermarschieren, bei schweren rasten, vorsichtig die verkrampfte Muskulatur **dehnen** und **erwärmen** (heiße Wickel) und viel Flüssigkeit zu sich nehmen (keinen Alkohol).

▶   Der **Muskelkater** hat zwar dieselben Ursachen wie der Muskelkrampf, tritt aber erst mehrere Stunden nach der Überbeanspruchung auf, meist erst am nächsten Tag. Da es sich dabei um zahlreiche Mikro-Muskelfaserrisse (und nicht nur, wie früher angenommen, um einen überhöhten Milchsäurespiegel im Gewebe), also um Verletzungen handelt, muß der Muskelkater auch anders behandelt werden als der Krampf: keine Gymnastik, keine Wärme, keine Massage - nur **Ruhe** bringt die Kraft.

Diesen Unannehmlichkeiten können Sie durch ausreichendes Training, Vermeidung von Überbeanspruchung, richtige Gehtaktik (☞ Die Begehung - Praktisches: Geh- und Höhentaktik) und ausreichendes Trinken **vorbeugen**.

▶   Die Ursachen der **Höhenkrankheit (AMS**, *acute mountain sickness*) sind in einer Kombination von zu raschem Aufstieg **(keine Höhenanpassung)** und gesunkenem atmosphärischem Druck (Sauerstoffpartialdruck) in Höhenlagen ab ca. 2.000/2.500 m zu finden. Die normale Sauerstoffversorgung des Gewebes ist dann nicht mehr gewährleistet.

▶   Etwa 15 % aller Menschen entwickeln die Symptomatik der AMS, wenn sie rasch mehr als 2.500 m innerhalb eines Tages aufsteigen. Da am Kilimanjaro die Hütten durchschnittlich nur 1.000 Höhenmeter voneinander entfernt sind, verringert sich das Risiko dementsprechend. Vorsicht ist dennoch geboten, denn ein paar Prozent potentieller AMS-Opfer gibt es doch noch. Es kann nicht deutlich genug ausgesprochen werden - eine übergangene Höhenkrankheit kann tödlich enden (Hirn- bzw. Lungenödeme)!

Erste **Warnzeichen** sind plötzlicher rapider Leistungsabfall, Kopfschmerzen, Appetitlosigkeit, Schlafstörungen und Übelkeit verbunden mit geringer Harnausscheidung bei normaler Flüssigkeitszufuhr.

Wenn Sie diesen Hinweisen Folge leisten, verschwinden in Tallagen (Moshi, Arusha) die Symptome von selbst. Unterstützend wirkt eine vermehrte Flüssigkeitsaufnahme, leichte Diät (Früchte und stärkereiche Nahrungsmittel wie Kartoffeln) und stark verringerte Aktivität (nicht jedoch totale Ruhe).

🖐 Treten diese Warnzeichen auf, **unter keinen Umständen weiterwandern**, zur letzten Hütte zurückgehen und dort noch einmal übernachten. Sind die Symptome am folgenden Tag verschwunden, langsam den Aufstieg fortsetzen, bleiben die Warnzeichen bestehen: **sofort absteigen**, keine Medikamente (☞ Medikamente und Drogen).

☹ Traurig, aber leider wahr: Hat Sie die Höhenkrankheit einmal erfaßt, können Sie für diesen Urlaub den Gipfelsturm vergessen, probieren Sie es in ein paar Wochen/Monaten oder im nächsten Jahr wieder. Denn so, wie nicht alle Menschen in gleicher Weise AMS-gefährdet sind, sind auch Sie nicht jedesmal gleich stark gefährdet. Die Ursachen für diesen Zick-Zack-Kurs der AMS ist immer noch unbekant.

Es werden auf dem europäischen Markt einige prophylaktische Medikamente angeboten (Acetazolamid = Diamox, Prochlorparazin, Antazida, Phenytoin, Dexamethason). Ihre Einnahme ist entweder ganz ohne Nutzen, löst unangenehme Nebenwirkungen aus oder führt gar zu unerwünschten Effekten wie Leistungsminderung, verlangsamter Adaption (Höhenanpassung) oder Flüssigkeitsverlust.

Medikamente und Drogen

▶ Verschiedene flüssige Medikamente vertragen **tiefe Temperaturen** nicht, gefrieren und werden unbrauchbar (beispielsweise Insulin) oder sprengen durch ihre Ausdehnung das sie umhüllende Glasfläschchen. Fragen Sie daher vor dem Kauf den Apotheker nach der Kälteresistenz der Medikamente. Gibt es keine Alternativen, sollten Sie nicht-kälteresistente Flüssigkeiten so dicht am Körper tragen wie nur irgend möglich. Dabei sind Plastikfläschchen bzw. -ampullen solchen aus Glas vorzuziehen, da Glas bei tiefen Temperaturen noch spröder wird, als es bei Raumtemperatur schon der Fall ist. Das Wiederauftauen von gefrorenen Medikamenten (falls überhaupt sinnvoll - in der Apotheke nachfragen!) muß langsam, beispielsweise mit einer Wärmeflasche, erfolgen.

Viele Medikamente werden auch durch **UV-Strahlung** deaktiviert, daher nicht zu lange unbedeckt im Freien liegen lassen.

▶ Die Zusammenhänge zwischen bestehenden Krankheiten, Dosierung und Wirkung der **Medikamente und Höhe** (Druckminderung) sind zu kompliziert, um hier ausgeführt zu werden. Menschen, die regelmäßig Medikamente (wie blutdrucksenkende oder -steigernde, herz- und kreislaufstärkende Medikamente, Insulin, blutgerinnungshemmende Medikamente, Asthmamittel oder Psychopharmaka) einnehmen müssen, sollten dies unbedingt einige Wochen vor der geplanten Abreise mit ihrem Hausarzt besprechen bzw. einen Sportmediziner konsultieren.

▶   **Schlafmittel** sind wegen der Gefahr einer verminderten Atemtätigkeit als problematisch anzusehen.

🖐   Heutzutage sehr großzügig verordnete **Antidepressiva** können unter Umständen zu Selbstüberschätzung und Beeinträchtigung der Kritikfähigkeit führen.

Vorsicht! In besonderem Maß gilt dies auch bei regelmäßiger Einnahme von **Drogen**.

▶   **Alkohol** erweitert die peripheren Blutbahnen. Bei Kälteexplosionen (z.B. bei unerwartet auftretendem Zusammentreffen von Regen, Sturm und Kälte = Wettersturz) wird durch diese erweiterten Gefäße der Wärmeverlust enorm gefördert, obwohl man subjektiv das Gefühl von Wärme hat. In weiterer Folge werden das Wärmeregulationszentrum im Gehirn gelähmt und die Kälteabwehrreaktionen des Körpers verhindert. Unterkühlung kann die Folge sein.

Schnupfen von **Kokain** über einen längeren Zeitraum hinweg vergrößert die Gefahr von Erfrierungen der Nase. Neben der Tatsache, daß starke Raucher die Wirkung von **Nikotin** beim Gipfelanstieg besonders zu spüren bekommen, wirkt diese Droge gefäßverengend.

Das bedeutet ein **gesteigertes Risiko** in bezug auf Erfrierungen der peripheren Körperteile (Finger, Nase, Zehen).

▶   **Diabetiker** sollten ihre Begleiter mit der Problematik dieser Krankheit vertraut machen, Traubenzucker mit sich führen und in ihre Überlegungen einbeziehen, daß noch kein Gerät existiert, das die Glukosebestimmung in großer Höhe oder bei Kälte zuverlässig durchführt. Machen Sie unbedingt Ihren Arzt mit Ihrem Vorhaben der Kilimanjaro-Besteigung vertraut!

▶   Die tägliche Einnahme der **Antibabypille** wirkt u.a. auch bluteindickend und setzt somit die Fließgeschwindigkeit des Blutes herab. Das bedeutet in großer Höhe gesteigertes Risiko von Thrombose und Embolie.

🖐   Sie sollten in diesem Fall für eine vermehrte Flüssigkeitsaufnahme sorgen.

▶   Grundsätzlich betrachtet stellen dauernd vorhandene Krankheiten keinen Ausschließungsgrund für diese Tour dar - konsultieren Sie aber unbedingt einige Wochen vor der Buchung Ihren Hausarzt bzw. einen Sportarzt.

Reiseapotheke

Mittel gegen Fieber, Schmerzen, Grippe, Mund- und Rachenentzündung, Verstopfung wie Durchfall, Sonnenbrand, Bindehautentzündung, Verstauchungen, Schwellungen, Brandwunden, weiterhin Wundsalbe, Verbandmaterial (elastische Binden, Mullbinden, Hansaplast Strips), Desinfektionsmittel, Fieberthermometer, Verbandschere, Pinzette.

Sonstige Krankheiten

Sobald man den Regenwaldgürtel des Kilimanjaro verläßt und durch Moor- und Heideland bzw. Steinwüste wandert, läßt ein stetig kühl bis kalt wehender Wind ein Gefühl von **Hitze** nicht aufkommen. Das Vorhandensein von **UV-Strahlung** wird subjektiv nicht wahrgenommen, obwohl in dieser Höhe davon tatsächlich genügend vorhanden ist. Bei Windstille können in der Steinwüstenzone die Temperaturen tagsüber auf bis zu +40° steigen.

▶   Der häufig auftretende **Sonnenstich** wird durch starke Einwirkung von Sonnenstrahlen auf den unbedeckten Kopf ausgelöst. Durch diese Überwärmung kommt es zur Reizung der Hirnhäute.
Symptome: Kopfschmerzen, Schwindel, evtl. Nackensteife, oft hochrotes und heißes Gesicht.
Erste Hilfe: Schattigen, kühlen Ort aufsuchen, Kopf und Oberkörper hochlagern, Kopf und Nacken mit feuchten Umschlägen kühlen, Kleider öffnen, viel trinken (keinen Alkohol).
Vorbeugung: Kopfbedeckung.

▶   Jeder **Sonnenbrand** ist eine Brandwunde zumindest ersten Grades! Auch bei Kälte und Nebel ist durch die diffuse UV-Strahlung mit erheblichen Belastungen zu rechnen. Je empfindlicher die Haut, desto höher sollte der Schutzfaktor der verwendeten Creme sein und desto öfter muß diese während der Tour aufgetragen werden. Besonders zu schützen sind Nase und Lippen.

▶   Beabsichtigen Sie, bis zum Uhuru Point vorzudringen, müssen Sie Gletscher passieren. Empfindliche Augen können hierauf mit **Schneeblindheit** reagieren. Dagegen hilft nur und ausschließlich eine UV-dichte, seitlich und auch nach unten abgedeckte Sonnenbrille (Gletscherbrille). Diese sollte nicht einmal zum Fotografieren abgenommen werden. Schneeblindheit bedeutet nicht nur eine vorübergehende Erblindung, sondern ist auch mit rasenden Schmerzen verbunden und kann zu Dauerschäden an den Augen führen.

▶   Brillen- bzw. Kontaktlinsenträger sollten ihre **Reservebrillen** bzw. **-linsen** nicht vergessen.

▶   Die Wahrscheinlichkeit eines Bein- oder Armbruchs durch Unfall ist bei vernünftiger Gehweise praktisch gleich null.

▶   Menschen mit Neigung zu **Bluthochdruck** sollten vor Beginn dieser Tour unbedingt eine Begutachtung durch ihren Hausarzt/ Sportarzt (Belastungshypertonus) vornehmen lassen.

▶   Soweit allgemein medizinisch bekannt, stellen Menstruationsblutungen für die Besteigung des Mt. Kilimanjaro kein besonderes Risiko dar. Frauen in der prämenstruellen Phase (Blutverdickung) sollten bezüglich Höhenkrankheit und Erfrierungen besonders vorsichtig sein.

Kinder am Berg

Für **Kinder unter 10 Jahren** ist der Kilimanjaro-NP **tabu**.

▶   Der Organismus von Schulkindern verfügt etwa ab dem 14. Lebensjahr über eine beachtenswerte Toleranz gegenüber Dauerbelastung, auch über weite Etappen hinweg. Ein noch nicht zur Gänze ausgefertigtes Muskel-Skelett-Gelenk-System warnt durch rasche Ermüdung vor Überbeanspruchung (und beugt so auch einer Überlastung des Herz-Kreislaufsystems verläßlich vor) - eine kurze Rast, und hurtig geht es weiter.

▶   **Vorsicht** ist jedoch beim **Gepäck** geboten: 16jährige sollten nicht mehr als 6 kg auf dem Rücken mit sich tragen. Die Gefahr einer Deformation der Wirbelsäule mit bleibenden Schäden ist bei schwerem Gepäck enorm (da hilft auch der körpergerechtest konstruierte Rucksack nichts)!

▶   Das Tempo wird vom Kind vorgegeben. Kalkulieren Sie die doppelte Wanderzeit ein. Bergauf gehen hinter dem Kind, bergab gehen vor dem Kind. Achten Sie beim Bergabgehen darauf, daß Ihr Kind nicht zu schnell unterwegs ist bzw. gar läuft.

Abgesehen vom Risiko eines Sturzes o.ä. (die meisten alpinen Unfälle geschehen beim Bergabgehen) bedeutet ein zu rasches Bergabgehen eine enorme Belastung der Wirbelsäule und vor allem der Knie.

▶   Das Verhältnis Körpermasse-Hautoberfläche ist bei Kindern ungünstiger als bei Erwachsenen (grundsätzliche Gefahr von Kälteschäden), Kinder **schwitzen** daher auch wesentlich **mehr** als Erwachsene. Daher darf man Reserveunterwäsche und Reservehandschuhe nicht vergessen, auch dem **gesteigerten Flüssigkeitsbedarf** muß Rechnung getragen werden. Unbedingt sollte eine Kopfbedeckung getragen werden (Abwehr von Sonnenstich). Sonnenschutzcreme in rauhen Mengen mitnehmen!

▶   Ein besonderes Problem stellt der Kauf von Kinderbergschuhen dar. Die Auswahl an wasserdichten kleinen Größen ist gering und nur in auf Bergsport spezialisierten Geschäften am Lager vorrätig.
      In den letzten Jahren ist der Prozentsatz von Kindern mit Senk-, Spreiz- oder Plattfüßen stark angestiegen, denken Sie deshalb früh genug an die Besorgung von Einlagen. Fangen Sie mit dem Einkauf rechtzeitig an, und suchen Sie mit Ihrem Kind einen Orthopäden auf. Auch die Konsultation eines Sportfacharztes sollte selbstverständlich sein.

Senioren am Berg
Dieses Buch ist selbstverständlich auch für trainierte, gesunde ältere Menschen geschrieben worden. Es gibt keinen Grund, warum Sie den Mt. Kilimanjaro nicht besteigen sollten. Lediglich das im **Kapitel Gesundheit** Gesagte sollten Sie sehr ernst nehmen. Gegenüber der Höhenkrankheit sind ältere Menschen etwas anfälliger, außerdem benötigen sie **mehr Flüssigkeit**.
      Ein Besuch beim **Hausarzt** oder dem **Sportarzt** sollte dem Unternehmen in **jedem Fall** vorausgehen. Als Ansporn: Der bisher älteste Gipfelbezwinger war ein 86jährige Franzose !

ℹ Information

☞ Basisstationen.

Kleidung

▶   Für die Besteigung des Kilimanjaro benötigen Sie nicht mehr als für eine mehrtägige Wanderung in den höheren Alpen. Bedenken Sie nur, daß es auf diesem Berg u.U. tagelang regnen kann. Bezüglich der Temperatur müssen Sie mit bis zu -25° im Freien rechnen. Der Gipfel kann ab einer Höhe von ca. 5.000 m total verschneit sein.

In bezug auf die Kleidung ist hervorzuheben, daß mehrere dünne Schichten übereinander getragen (Zwiebelschalensystem, ☞ Ausrüstung, Schlafsack) besser wärmen als ein sehr dickes Kleidungsstück allein.

▶   **Bergschuhe** - kompakt, über mehrere Stunden wasserdicht, zur Erhöhung der Trittsicherheit über den Knöchel hinausreichend, atmungsaktiv, die Zunge sollte mit dem Schaft vernäht sein, Reinigungs- und Imprägnierset mitnehmen. Sehr hohe Schäfte (über 22 cm) sind hinderlich beim Bergabgehen, erweisen sich aber bei tiefgründigen Pfaden (nach Regen) von großem Vorteil. Wenn die Schuhe zum Schnüren sind, kann man das obere Drittel offenlassen. Bei niedrigen Schuhen sollten Sie Gamaschen benutzen. Verwenden Sie keine Kletterschuhe!

▶   **Wollsocken** bzw. -stutzen (bei Kniebundhosen), unbedingt mindestens ein Reservepaar. Kälteempfindlichen Personen ist die Mitnahme separater Schlafsocken empfohlen.

▶   **Unterwäsche** aus atmungsaktivem Gewebe, langbeinig, langärmelig, aus Seide, Angora- oder Mohairwolle, Wolle-Seide-Gemisch, verwenden Sie Kunstfaser nur, wenn das Gewebe **atmungsaktiv** ist.

▶   **Hemd/Bluse** aus **atmungsaktivem** Material, evtl. mit Rollkragen.

▶   **Pullover**, warm, langärmelig, Wolle, Mohair, Angora, evtl. mit Rollkragen.

▶   **Anorak**, zumindest **wasserabstoßend**, in jedem Fall aber **winddicht**, mit Kapuze, mehreren Innen- und Außentaschen (für Filme, Taschentücher, Zigaretten usw.), Außenhaut aus strapazierfähigem, reißfestem Material (Ausrutschen!), für die Nachteile von Daune, ☞ Ausrüstung, Schlafsack.

▶   **Hose**, lang, weit geschnitten.

▶   Wasserdichte **Gamaschen** für die Regenwaldabschnitte, teilweise auch für das Moorland, - achten Sie beim Einkauf darauf, daß diese fest am Schuh zu fixieren sind. Gamaschen, die oben wie unten nur Gummibänder zur Befestigung eingezogen haben, sind reine Dekoration. Beim Tritt in ein Moorloch verrutscht dieses Modell und bietet somit keinen Schutz mehr. Am besten wählen Sie Gamaschen, die am unteren Vorderende einen Haken aufweisen, der an den Schuhbändern eingehakt wird, und die auf jeweils einer Seite über einen angenähten Riemen (nicht aus Gummi, sondern aus Leder oder aus etwas Gleichwertigem) verfügen, der unter den Schuhen durchgezogen und auf der anderen

Seite wieder fixiert wird (wie Gürtel). Das obere Ende weist auch bei diesen Modellen nur ein Gummiband auf.

▶   **Handschuhe** oder Fäustlinge (ein Reservepaar). Wer viel fotografiert, sollte sich ein Paar sog. Innenhandschuhe aus dünnem Gewebe besorgen. Diese bieten zwar keinen übermäßigen Kälteschutz, sind aber für Manipulationen an der Kamera, bei denen dicke Handschuhe/Fäustlinge hinderlich sind, sehr brauchbar.

✎   **Regenschutz** (Umhang oder Anzug mit Kapuze), 100%ig wasserdicht - dieses Kleidungsstück muß unbedingt in **atmungsaktiver Ausführung** erworben werden, da Sie sonst bei Regen sehr bald von innen genauso naß sein werden wie von außen. Das Material sollte nicht zu dünn sein, da es bei einem etwaigen Weiterwandern in der Regenwaldzone beschädigt werden könnte.

Ein weiter Umhang (Poncho) bietet den Vorteil, daß er auch das mitgeführte Gepäck vor Regen schützt. Er muß aber derart konstruiert sein, daß man Vorder- und Rückseite zwischen den Beinen verbinden kann, weil man sonst bei steilen Passagen auf das Vorderteil tritt - das kann bei Steigpartien gefährlich sein.

✎   Von äußerster Wichtigkeit ist auch die Verwendung einer **Kopfbedeckung**, in den unteren Lagen gegen die Einwirkung von Sonnenstrahlen (Hut), weiter oben gegen dieselbe, durch Kälte verstärkte Einwirkung (Wollhaube).

▶   Zusätzlich benötigen Sie noch eine **Schnee-** bzw. **Gletscherbrille**.

▶   Bekleidung für den Aufenthalt am Fuße des Berges: Ein Paar leichte Turn- oder Leinenschuhe, T-Shirt oder leichtes, helles Hemd, leichte, helle Hose, leichter Pullover (die Vormittage und Abende können kühl werden), Hut oder Kappe. Diese Dinge können vor Ort in durchschnittlicher Qualität, mit sinnreichen Aussprüchen ("I just have done it", "Kibo Hotel - your partner") erworben werden.

✎   Allgemein ist zu beachten, daß **kurze Hosen** an den Hängen des Berges bei Männern wie bei Frauen, **Miniröcke** oder **Träger-T-Shirts** bei Frauen **nicht gerne** gesehen werden (islamisch-christliches Mischgebiet). An der Küste sind diese Kleidungsstücke in keinem Fall zu tragen (fast rein islamisches Gebiet)!

✿ Klima

Vereinfachend gesagt sind die für das ostafrikanische Klima (Tansania, Kenia, Uganda) bestimmenden Faktoren die äquatoriale Lage, die Position am Ostrand einer großen Landmasse, die Nachbarschaft zu einer noch größeren Landmasse (Asien), das Graben- und Seensystem sowie eine stark strukturierte Oberflächengestalt. Stark schematisiert kann man das Klimageschehen in Ostafrika wie folgt beschreiben:

Luftmassen werden durch intensive Sonneneinstrahlung erwärmt und steigen auf. Die Zone der aufsteigenden Luftmassen wird als **innertropische Tiefdruckrinne** (auch innertropischer Trog) bezeichnet. Die Lage dieser Rinne richtet sich nach dem Höchststand der Sonne (Ende September und März), dem sie im kurzen zeitlichen Abstand von ca. 5 Wochen folgt. Dies bedeutet, daß sich die Rinne im (europäischen) Sommer von Süden nach Norden, im (europäischen) Winter hingegen von Norden nach Süden über Ostafrika schiebt.

Die aufgestiegenen Luftmassen fließen in höheren Regionen in Richtung der Pole, kühlen am Rand des Troges ab und sinken zu Boden, werden von der Tiefdruckrinne wieder angesaugt und **regnen sich** während dieses Vorgangs **aus**.

Für das Gebiet um den Mt. Kilimanjaro folgt daraus, daß im Jahr **zwei Regenzeiten** auftreten: die **kleine Regenzeit** von Oktober bis in den Dezember hinein sowie die **große Regenzeit** von März bis Mai.

Niederschlagsmengen in Moshi		...in Arusha	
März	ca. 120 mm	März	ca. 130 mm
April	ca. 300 mm	April	ca. 280 mm
Mai	ca. 170 mm	Mai	ca. 50 mm
Oktober	ca. 40 mm	Oktober	ca. 65 mm
November	ca. 50 mm	November	ca. 120 mm
Dezember	ca. 45 mm	Dezember	ca. 100 mm

☹ In diesen Monaten fällt auch am Berg selbst der meiste Regen (bis zu 600 mm, mind. 18 Regentage/Monat). Der Gipfel ist permanent hinter Wolken versteckt, Ausblicke nicht möglich. Die Begehung des **Umbwe** wie **Mweka Trails** zu dieser Zeit ist **lebensgefährlich**; **Machame Trail** ist - da von etwas geringerer Steigung - nicht ganz so gefährlich, empfehlen kann ich aber auch dieses Vorhaben nicht. **Marangu, Shira** und **Rongai Trail** können begangen werden, ein Vergnügen ist das aber keines. In höheren Regionen fallen die Niederschläge als **Schnee** - ab ca. 4.000 m (Southern Summit Bound, Shira Camp, Barranco Camp, Horombo-Hütte) oft, ab Barafu Camp bzw. Kibo Hut immer. Wer die Begehung des Gipfels zu dieser Zeit trotzdem unternehmen will, sollte, da die Schneemassen beinhart gefroren sind, vorsichtshalber Steigeisen und Pickel mitführen.

☺ **Ideale Bedingungen** herrschen in der **langen Trockenzeit** von Mitte Juni, Juli, August bis etwa Mitte September, in der die Niederschlagsmengen in Moshi und Arusha die 50-mm-Marke bei weitem nicht erreichen. Im Juli ist der Gipfel meist den ganzen Tag sichtbar, im August, September umgürten ihn dichte, kleine Wolken.

▶ In den Monaten Januar und Februar (kurze Trockenzeit) fallen jeweils ca. 50 mm Regen in Moshi. Eine Begehung des Berges ist auf allen Routen ohne Probleme möglich. Der Gipfel ist nur frühmorgens und abends frei sichtbar; tagsüber ist er immer hinter sehr dichten Wolken versteckt, so daß er nicht einmal vom Southern Summit Bound aus zu sehen ist.

Langgediente Führer sind der Meinung, daß bei zunehmendem Mond die Bewölkung und somit die Regenfälle weniger stark sind als bei abnehmendem Mond.

▶ Die **Temperaturen** schwanken im Jahresverlauf weniger als im Tagesverlauf. Während der langen Trockenzeit sind die Tagestemperaturen im langjährigen Mittel niedriger (18° bis 20° in Arusha, 20° bis 22° in Moshi, heiße Tage, kalte Nächte) als in der kurzen Trockenzeit (22° bis 24° in Arusha, 25° in Moshi).

Während der Regenzeiten liegen sie jeweils um ca. 1° bis 2° höher als in der kurzen Trockenzeit. In Moshi schwankt die Temperatur während eines Tages im August zwischen 12° und 30°!

▶ Diese großräumige Klimasituation erfährt am Berg noch einige Modifikationen, die sich in erster Linie als Regenfälle niederschlagen. "Trockenzeit" bedeutet für die **westlich gelegenen Trails** (Shira, Umbwe, Machame) zumindest im Januar und Februar immer noch mindestens je einen Regenschauer **vormittags** und **nachmittags**. Grund dafür sind die aufsteigenden Luftmassen, die aus der im Westen des Berges mächtigeren, im Osten schmaleren Regenwaldzone Feuchtigkeit hinauftransportieren; weiterhin werden die erwärmten aufsteigenden Luftmassen aus dem Seengebiet durch die Erdrotation abgelenkt und regnen ebenfalls an den Westhängen ab. Der Mweka Trail bleibt davon zu einem Großteil verschont, Marangu und Rongai Trail praktisch gänzlich.

Preise

Reisekosten

Von Reisebüros wird das Erlebnis Mt. Kilimanjaro als **Pauschalreise** für 14 Tage, incl. aller anfallenden Kosten, anschließendem Aufenthalt in einem NP (hier sollten Sie prüfen, ob eine Campingsafari oder eine Lodgesafari angeboten wird) oder auf Sansibar, Flug hin und zurück, Flughafengebühren, Hoteltransfer, Vollpension während der Wanderung und während des NP-Besuchs (Sansibar-Aufenthalt sowie Aufenthalt in Hotels mit Halbpension), bei Doppelzimmerbelegung für US$ 3.500 bis 4.000 pro Person angeboten. Kosten für Souvenirs, Trinkgelder, Impfungen, Visa, Literatur usw. kommen noch dazu.

Preisbeispiele

Da dieses Buch nicht nur zu einem gelungenen Bergerlebnis verhelfen soll, sondern auch die **Selbstorganisation** ermöglichen und zur Senkung Ihrer Kosten beitragen will, gebe ich hier analog zum vorhergegangenen Pauschalarrangement Preisbeispiele für die Kosten einer **Individualreise** (Beträge pro Person, ebenfalls bei Doppelzimmerbelegung):

▶ Flug nach KIA hin/zurück (variiert je nach Saison, Klasse, Buchungsdatum, Alter usw.) inklusive Flughafengebühren und Transfer zum Hotel etwa US$ 750.

▶ Übernachtung in Arusha in einem Hotel der Kat. C (alle anderen Hotelkategorien ☞ Basisstationen), BB: ca. US$ 20.

▶ Besteigung (6 Tage/5 Nächte, Vollpension): ca. US$ 600. Diese setzen sich so zusammen:

◆ Eintrittsgebühren	US$ 150 (US$ 25/Tag),
◆ Übernachtungsgebühren	US$ 200 (US$ 40/Nacht in Zelt oder Hütte),
◆ Versicherung/Bergrettung	US$ 20,
◆ Führer und Träger	ca. US$ 120,
◆ Ernährung	ca. US$ 60,
◆ Transportkosten	ca. US$ 50.

◆ US$ 100/Tag/Person ist ein Mittelwert, je nach Tour Operator bewegen sich die Kosten zwischen US$ 80 bis 120. Sind die Übernachtungen vor und nach der Tour im Preis inbegriffen, so steigt der Preis um diese Kosten.

▶ Übernachtung in Arusha (wie oben): ca. US$ 20.

▶ NP-Besuch (3 Tage/2 Nächte, Campingsafari, Vollpension): ca. US$ 250, oder alternativ:

▶ Aufenthalt auf Sansibar (3 Tage, Übernachtung in einem Hotel der Kat. C, incl. Flug): ca. US$ 450.

▶ 2 weitere Übernachtungen in Arusha (wie oben): ca. US$ 40.

▶ Gesamtkosten: ca. US$ 1.930 pro Person (mit Alternativprogramm ca. US$ 2.130 pro Person).

▶ Für Einzelreisende erhöht sich dieser Betrag um ca. US$ 100 (Erhöhung der anteiligen Hotel- und Transportkosten) bei EZ-Belegung.

▶ Wird statt einer Campingsafari eine Lodgesafari ausgerichtet, fallen Mehrkosten in Höhe von ca. US$ 350/Person an.

▶ Hinzu kommen noch die Kosten für Ernährung außerhalb der NPs - je
nach Restauranttyp US$ 40 bis 80 (bei Alternativprogramm ca. US$ 70
bis 110).
Zu diesen Preisen sei generell gesagt, daß sie durch hartnäckiges **Handeln**
etwas gedrückt werden können (vor allem, wenn Sie in einer größeren
Gruppe reisen oder wenn Sie Besteigung und NP-Besuch bei ein und
demselben Tour Operator buchen). Erhoffen Sie sich aber kein allzu großes Ergebnis.

▶ Auch in diesem Preisbeispiel sind Kosten für Trinkgelder, Impfungen,
Visum, Literatur usw. nicht enthalten (ca. US$ 300).

▶ Während der Wanderung sollten Sie einige tausend tsh mit sich führen.
Jeder Träger und Führer erwartet auf den Hütten des Marangu Trails und
beim Rangerposten, wo Sie den Kilimanjaro-NP verlassen, zumindest eine
Flasche Bier.
Obendrein kann es zu Mehrkosten im Zusammenhang mit Komplikationen
mit der Abholung kommen (☞ Mweka Trail).

Transport

...von Dar es Salaam

🚗 Öffentliche Transportmittel wurden vom Areal des Flughafens verbannt. Der Dalla-
Dalla-Bahnhof befindet sich ca. 3 km vom Flughafen entfernt. Wer diese Wanderung
dennoch unternehmen will - eine Fahrt mit Dalla-Dallas ins Zentrum dauert ca. 1
Std., beläuft sich auf ca. US$ 1 und ist relativ unbequem (Gepäck). Großraumbusse
verkehren nicht mehr zwischen Zentrum und Flughafen.

◆ Ein Taxi benötigt für dieselbe Strecke ca. 30 Minuten und kostet ca. US$ 12 (han-
deln!). Taxikosten für Stadtfahrten (z.B. vom Hotel zum Busbahnhof) belaufen sich
auf ca. US$ 1,50 bis 2,00.

🚌 Landen Sie morgens, können Sie sofort mit **Bussen** (Busbahnhof Ecke Morogoro St/Lybia
St im Zentrum) sofort nach Arusha oder Moshi weiterfahren (8 bis 10 Std., ca. US$
13). Landen Sie später, können Sie erst am nächsten Tag weiterfahren, da es (noch)
keine Nachtbusse gibt.

◆ Nach Arusha bzw. Moshi fahren täglich mehrere Busse, Buchungen im voraus sind
nicht nötig: Sie erscheinen am Busbahnhof, und die Fahrer und Schaffner umschwir-
ren Sie wie die Motten das Licht.

🚂 Der Bahnverkehr zwischen Dar es Salaam und Moshi wurde auf Grund der harten
Konkurrenz von Bussen eingestellt.

➤ Täglich verkehren **Flugzeuge** der Air Tanzania zwischen Dar es Salaam und KIA (Arusha/Moshi ☞ Basisstationen).

◆ Air Tanzania, Dar es Salaam, Ohio St, ATC House, ☎ 00255/ 51/110245, FAX 46545.

◆ Air Tanzania tägl. Dar es Salaam-KIA für US$ 95 einfach in ca. 1 Std.

◆ Abflug Dar es Salaam: Mo 12:30, Di 7:00, Mi 6:30, Do, Sa 7:30, Fr 12:40, So 11.15

◆ Abflug KIA: Mo 14:00, Di 11:40, Mi, Sa 8:00, Do 12:10, Fr 17:50, So 18:20

◆ Precision Air tägl. über Sansibar nach KIA für US$ 146 einfach in 2 Std.

◆ Abflug Dar es Salaam: Mo, Do, Fr, Sa 13:10, Di 12:00, Mi, So 9:00.

◆ Abflug KIA: Mo, Do, Fr, Sa 15:25, Di 14:15, Mi, So 11:15.

◆ Büros und Telefonnummern der Fluggesellschaften ☞ Basisstationen.

...vom Kilimanjaro International Airport (KIA)

◆ Hier steht z.Z. nur ein privater **Shuttle Service** nach Arusha zur Verfügung (zum Hotel Ihrer Wahl US$ 10/Person, ca. 30 Min.). Taxis und öffentliche Busse sind verbannt worden. Da einer der Manager des Flughafens Besitzer dieses Unternehmens ist, wittert die Taxifahrer-Vereinigung Amtsmißbrauch und geht dagegen mit Klage vor. Bis eine Entscheidung getroffen ist, können Jahre vergehen. Eine Taxifahrt würde aber auch sicher US$ 10 kosten, Busse hingegen nur ca. US$ 1.

◆ Zwischen **Arusha** und **Moshi** verkehren tagsüber laufend Dalla-Dallas. Fahrzeit ca. 1 Std., ca. US$ 1. (Lage der Busbahnhöfe in Arusha und Moshi ☞ Basisstationen.)

◆ Um nach Marangu zu kommen, muß ab Moshi ein Dalla-Dalla genommen werden. Fahrzeit ca. 1 Std. (zum Hotel Ihrer Wahl) für ca. US$ 1,50.

◆ Devanu Shuttle (in Arusha im Hotel Mt. Meru, in Moshi bei der "Tourist Information") fährt dieselbe Strecke weitaus komfortabler (und etwas schneller) ab Moshi für US$ 10, ab Arusha für US$ 20 (ebenfalls zum Hotel Ihrer Wahl in Marangu).

...von Kenia

Eine Anreise nach Arusha (oder Moshi) über Nairobi ist nur sinnvoll, wenn Sie am Vormittag in Nairobi landen. Für die Busfahrt nach Arusha benötigen Sie ca. 2 bis 3 Stunden (von Dar es Salaam ca. 8 Std.). Flüge von Europa nach Nairobi können etwas günstiger sein als solche nach Dar es Salaam oder KIA. Bei Ihrer Kalkulation sollten Sie aber nicht vergessen, neben den Kosten für den Bus (Nairobi-Arusha ca. US$ 15) und evtl. Taxikosten (vom Flughafen zum Busbahnhof ca. US$ 10) auch evtl. Visa-Kosten für Kenia einzuberechnen.

Wenn Sie nicht länger als 30 Tage in Kenia bleiben wollen, benötigen Sie kein Visum (Österreicher, Deutsche, Schweizer). Erst ab dem 31 Tag wird ein Visum erforderlich. Es wird in der Regel für 3 Monate ausgestellt und ist auch an allen

Grenzstellen erhältlich (US$ 40). Mit diesem Visum kann man beliebig oft zwischen Kenia und Tanzania (und Uganda) hin und herfahren, so daß kein re-entry-visa mehr nötig ist.

Wenn Sie erst am späten Nachmittag oder Abend in Nairobi ankommen, werden Sie um eine Übernachtung nicht umhinkommen, da keine Nachtbusse verkehren. Da der Sicherheitsstandard in Nairobi katastrophal ist (lt. Statistik zweitgefährlichste Stadt Afrikas nach Johannesburg, Raubüberfälle auch tagsüber nicht außergewöhnlich), kann ich nur ein Hotel im "europäischen" Zentrum (= das Geviert zwischen den Straßen Moi Av., Uhuru Highway, University Way und Harambee Av.) anraten.

Obwohl es sich dabei durchwegs um solche der Kat. A handelt, drückt mich dabei das Gewissen, denn für Ihre Sicherheit können auch diese Hotels nicht (mehr) garantieren. Denjenigen, die diese Variante aus finanziellen Gründen erwägen, empfehle ich 1. noch einmal genau nachzurechnen und 2. sich genau zu überlegen, ob die relativ geringe Ersparnis das Sicherheitsrisiko wirklich lohnt.

Die Einreise von Mombasa gestaltet sich noch ungünstiger als die von Nairobi. Mit dem Bus sind Sie ca. 15 Stunden unterwegs. Direktflüge nach KIA gibt es nicht, der Eisenbahnverkehr zwischen Mombasa und Moshi wurde wieder eingestellt.

Wer nur den Mt. Kilimanjaro besteigen will (und evtl. noch für einige Tage einen NP besuchen will) ist bestens beraten KIA anzufliegen. Da aber viele Kenia-Besucher einen Ausflug zum Mt. Kilimanjaro unternehmen wollen, führe ich die Möglichkeiten an. Ein Visum für Tansania kann an jeder Grenzübertrittsstelle problemlos beantragt werden und kostet US$ 20 (☞ Einreise).

◆　　Bezüglich Adressen, Telefonnummern o.ä. für Kenia verweise ich auf einen Kenia-Reiseführer bzw. die Tourist Information in Nairobi (Kreuzung Moi Ave/Mama Ngina St) bzw. in Mombasa (Moi Ave, kurz hinter den Blech-Stoßzähnen).

...von Nairobi

🚌　　Täglich fahren mehrere **Busse** nach Arusha, Fahrzeit ca. 2 bis 3 Std., ab Busbahnhof in Accra Rd. für ca. US$ 15. **Arusha-Nairobi** wird auch täglich mehrmals bedient (Busbahnhöfe in Arusha/Moshi ☞ Basisstationen).

◆　　Devanu Tours bietet einen bequemen und luxuriösen Shuttle Service zwischen Arusha und Nairobi an. Das Büro befindet sich in Arusha im Novotel Mt. Meru, von hier fahren auch die Busse ab:
Richtung Nairobi, Abfahrt täglich 14:00 (US$ 50).
In der Gegenrichtung verkehrt das Shuttle ebenfalls täglich.

◆　　Riverside Car Hire and Shuttle, Sokoine Rd, Arusha, ☎ 00255/57/2639,
FAX 3916.

Arusha-Nairobi zweimal täglich, Nairobi-Arusha auch zweimal täglich.

Als Service bietet dieses Unternehmen die Abholung von Ihrem Hotel an, Sie werden auch zum Hotel Ihrer Wahl gebracht. (Kosten: US$ 25).

☺   Kein Flug- und kein Eisenbahnverkehr mehr zwischen Nairobi und Arusha/Moshi (KIA)!

✈   Precision Air Nairobi teilt sich mit Air Tanzania das Büro im Chester House, Koinange St, Nairobi, ☎ + FAX ☞ unten.

Di, Sa: ab KIA 14:20, an Nairobi 15:20, Kosten: US$ 127.

Di, Sa: ab Nairobi 16:00, an KIA 17:00.

♦   Air Tanzania, Chester House (Erdgeschoß), Koinange St, Nairobi, ☎ 00254/ 2/214783 + ☎ 336224, FAX 214936

Do: ab KIA 10:00, an Nairobi 10:35. US$ 105 (Economy Class), US$ 135 (First Class),

Do: ab Nairobi 11:15, an KIA 11:50.

...von Mombasa

🚌   Täglich fahren Busse zwischen Mombasa und Arusha/Moshi über Voi, Taveta. Busbahnhof Mombasa in Kenyatta Ave vor dem Marktgelände. Reservieren Sie Ihren Platz einen Tag vor der Abreise, Busbahnhof in Arusha/ Moshi ☞ Basisstationen. Fahrzeit ca. 15 Std. für ca. US$ 8. Bezüglich Sicherheit muß gesagt werden, daß der Standard in Mombasa wesentlich höher ist als in Nairobi (nach Einbruch der Dunkelheit sollten Sie aber auch hier nur mehr Taxis benützen). (Dann weiter mit Busverkehr)

✋   Versichern Sie sich, daß der Bus über Voi und Taveta nach Arusha/Moshi fährt, ansonsten fahren Sie über Tanga - die fast doppelte Strecke.

☹   Kein Flug- und kein Eisenbahnverkehr mehr zwischen Mombasa und Arusha/Moshi.

⛴   **Schiffe** nach Tanga (Tansania) fahren sehr unregelmäßig. Erkundigungen entweder am Hafen oder in den Büros der Linien, Moi Ave (Zanzibar Sea Ferries ist eine empfehlenswerte Anlaufstelle). Von Tanga geht es weiter mit dem Bus (täglich) nach Moshi/Arusha in ca. 5 Stunden. Die romantische Möglichkeit, mit einer Segeldhau nach Tanga zu segeln, sollten Sie aus zeitlichen und Sicherheitsgründen nicht in Erwägung ziehen.

✈   **Precision Air** betreibt einen Shuttle zwischen Mombasa und Arusha. Agents in Mombasa: Wings of Vintage, ☎ 00254/11/471149, FAX 471139.

☺   Wer Fahrtkosten sparen will, kann mit Bus oder Bahn nur nach Taveta fahren. Hier warten bereits Fahrzeuge tansanischer Tour Operators und befördern Sie kostenlos nach Arusha, Moshi oder Marangu (falls Sie bei ihnen auch die Besteigung des Mt. Kilimanjaro buchen).

Für den **Transport** von Ihrem Hotel zum **Nationalpark-Eingang** und zurück ist der Tour Operator zuständig, er ist - mit Ausnahmen (☞ Shira Trail, Rongai Trail) - im vereinbarten Preis eingeschlossen. Es werden marktübliche Pkw eingesetzt. Aus diversen Gründen kann es bei der Abholung zu Komplikationen kommen (☞ Mweka Trail).

Unterkunft

☞ Basisstationen, Die Begehung - Praktisches: Hütten/Camps, Trails.

Die Begehung

Führer

Sobald Sie die Nationalparkgrenze überschreiten, ist die Anstellung eines Führers (*Guide*) **zwingend vorgeschrieben**. Die Auswahl nimmt der Tour Operator vor. Sie können seine Wahl ablehnen und einen anderen Führer vorschlagen. Ihr Führer hat die Pflicht, unter allen Umständen und in jeder Situation bei Ihnen zu bleiben. Das kann zu Komplikationen führen.

Nehmen wir eine Gruppe bestehend aus drei Personen an, aus der ein Teilnehmer wegen gesundheitlicher Probleme umkehren muß. Da sich der Führer nicht zweiteilen kann und die erkrankte Person unbedingten Vorrang genießt, müßten die beiden anderen Teilnehmer auch umkehren. Durch Anstellung eines *Assistant Guides* kann hier eine befriedigendere Lösung gefunden werden. Größere Gruppen (etwa ab 7 oder 8 Personen), kommen um die Anstellung eines Assistant Guides sowieso nicht herum.

Im Regelfall beginnt der Führer seine Karriere als Träger (*porter*) und arbeitet sich zum Chef-Träger (*chief porter*) empor. Will er Guide werden, geht er bei einem solchen als *Assistant Guide* in die "Lehre". Wenn der der Meinung ist, er hat genug Wissen erworben, schlägt er ihn der NP-Verwaltung als Guide vor. Diese prüft das Wissen des Aspiranten oberflächlich, und ein Ranger geht mit ihm den betreffenden Trail ab, für den er Guide werden will (es können aber selbstverständlich auch alle Trails sein). Danach wird eine Lizenz (*licence*) mit Foto ausgestellt, die den erfolgreichen "Prüfling" berechtigt, Touristen auf dem jeweiligen oder ggf. allen Trails zu führen. Dieses Gebiet wird in der Lizenz vermerkt.

Interessante Wissensgebiete wie Geologie, Flora und Fauna, Wetterkunde, Erste Hilfe, Geschichte, Kartenlesen, Englisch, Umweltschutz o.ä. bleiben ausgespart - ein Guide muß lediglich den Weg kennen (gerüchteweise gibt/gab es aber auch vergeßliche Guides, Sie sind also Ihrer Eigenverantwortung nie entbunden). Weitere Pflichten des Guides:

▶   **Auswahl und Einkauf von Lebensmitteln**. Überprüfen Sie, ob Informationen über evtl. vereinbarte Sonderwünsche bis zum Führer weitergegeben worden sind (☞ Reise-Infos von A bis Z: Essen und Trinken). Auch für die Wasserversorgung am Berg ist er zuständig. Erinnern Sie ihn daran, daß er Ihre Wasserflasche füllen läßt.

▶   **Kochen**. Erwarten Sie keine kulinarischen Höchstleistungen, sondern afrikanische Hausmannskost (☞ Reise-Infos von A bis Z: Essen und Trinken), passabel zubereitet.

▶ **Auswahl der gemieteten Ausrüstung** (zumindest Zelt und Schaumstoffmatratze). Kontrollieren Sie vor Abmarsch Vollständigkeit (Gestänge, Heringe) und Qualität.

▶ **"Aufsicht" über die Touristen.** Ein gewissenhafter Guide wird Sie jeden Tag vor Abmarsch mit denselben Fragen traktieren: "Haben Sie die Regenschutzbekleidung eingepackt? Fühlen Sie sich wohl? Haben Sie auch nicht vergessen, für heute einen Pullover, Anorak o.ä. mitzunehmen?" usw.

▶ Die **Kosten** für den Führer belaufen sich auf ca. US$ 8 bis 10/Tag (plus Trinkgeld, ☞ dort), ein Assistant Guide ist nur wenig billiger.

Träger

▶ Sie haben praktisch keinen Einfluß auf die Auswahl der Träger. Eine Ablehnung bestimmter Personen führt zu Zeitverlust. Nehmen Sie vorsichtshalber täglich persönlich eine Kontrolle bezüglich Vollständigkeit und wasserdichter Verpackung Ihrer Ausrüstung vor.

▶ Der Führer muß sein Gepäck und seine Ausrüstung nicht selbst tragen, das übernehmen die Träger. Falls Sie Ihren Tagesrucksack oder die Fotoausrüstung nicht mehr selbst tragen wollen und der Führer diese Tätigkeit übernehmen soll, ist diese Leistung auch extra zu bezahlen. Falls Sie Ihren Rucksack aber nicht mehr tragen können (Gipfelsturm), muß er kostenlos helfend einspringen.

▶ Die Anstellung von **Trägern** ist nicht vorgeschrieben; in der Praxis werden Sie aber nicht um sie herumkommen: Nahrungsmittel für Sie selbst und für den Führer für 6 Tage, Ausrüstung, ab ca. 3.800 m auch Brennholz und Wasser, sind zu schleppen. Im Schnitt werden pro Person 2 Träger berechnet, die jeweils 15 kg zu tragen haben. Bei größeren Gruppen verringert sich das Verhältnis auf ungefähr 2 Träger für 3 Personen.

Die Träger müssen nicht bei den Touristen bleiben, d.h. sie sind 2 bis 3 Std. vor Ihnen beim nächsten Camp. Sie nützen diese Zeit für die Suche nach einem geeigneten und freien Platz, Aufstellung des Zeltes und Vorbereitungsarbeiten für Dinner und Imbiß (Brennholz sammeln, Wasser holen, Feuer entfachen). Träger kann jeder werden, der kräftig genug ist; Prüfungen oder sonstige Aufnahmekriterien sind nicht vorgesehen. Größere Gruppen sollten vor Abmarsch nachzählen, ob wirklich so viele Träger zugegen sind, wie sie bezahlen. Beschwerden über Träger sind sofort an den Führer zu richten.

▶   Ein Träger kostet ca. US$ 5/Tag (plus ☞ Trinkgeld).

Rechte des Touristen

Sie bestimmen **Geschwindigkeit und Rhythmus der Wanderung** sowie die **Anzahl der Pausen**. Lassen Sie sich unter keinen Umständen vom Führer treiben oder drängen - außer er hat ein stichhaltiges Argument wie z.B. einen kurz bevorstehenden Wetterumschwung.

Ranger

▶   Mit den Rangern, die für Kontrolle und Beobachtung zuständig sind, kommt der Besucher fast nicht in Berührung. Sie kontrollieren an den Eingängen (*gates*), ob die Gebühren bezahlt wurden und ob der Verlauf der Wanderung und der Punkt des Verlassens des NP mit den Angaben im Besuchszertifikat (*permit*) übereinstimmt. Theoretisch kontrollieren sie auch, ob die Träger nicht zu große Lasten schleppen.

▶   Für den Touristen sind sie die wichtigste Anlaufstelle für **Beschwerden und Anfragen**. Sie wissen am besten über die Situation der Wasserversorgung auf Ihrem Trail Bescheid: Welche Wasserstelle gerade Wasser führt oder nicht, ob sie verschmutzt ist usw. Der Führer wird dies erfragen und nötigenfalls schon vom *Gate* Wasser mitnehmen (kostenpflichtig).

▶   Außerdem sind die Ranger für die Bekämpfung von Wilderern (im Kilimanjaro-NP praktisch nicht vorhanden), Buschfeuern, Holzsammlern, Grasschneidern, Honigsammlern und für die Hege und Pflege des Parks zuständig - eine Aufgabe, die mit 40 bis 50 Rangern kaum zu bewältigen ist.

"Schwierigkeiten und Gefahren der Reisewege in den Bergen und wie man sie bewältigt"

Dieser Titel ist eine Kapitelüberschrift aus einer Alpenbeschreibung von Josias Simler (*De Alpibus Commentarius*) aus dem Jahre 1574, die die erste Beschreibung von Gefahren in den Bergen gewesen sein dürfte. Betrachtet man allerdings aktuelle Statistiken von Bergunfällen, so scheinen die Warnungen in diesem Buch und allen nachfolgenden Büchern umsonst geschrieben worden zu sein.

In Österreich ereigneten sich 1994 die meisten tödlichen Bergunfälle (95) beim **Wandern**. Ursachen waren durch **Ermüdung** und **Erschöpfung** hervorgerufene Unfälle (z.B. Ausgleiten und Abstürzen); gefährliche Sportarten wie Paragliding, Canyoning, Klettern usw. forderten "lediglich" 8 Tote. Obwohl offizielle Statistiken nicht existieren: Es sterben auch am Mt. Kilimanjaro jährlich ca. 5 bis 6 Menschen (Touristen, Führer, Träger) - ebenfalls an durch Ermüdung und Erschöpfung hervorgerufenen Unfällen, Höhenkrankheit, Erfrierungen.

▶   **Gefahrenmomente**, die außerhalb des menschlichen Einflusses liegen, treten für den Wanderer am Kilimanjaro, mit einer Ausnahme, nicht allzu häufig auf. Mit Lawinen, Eisstürzen, Gletscherspalten, Abrutschen von Wächten, Steinschlag oder dem Auftauchen wilder Tiere ist im großen und ganzen nicht zu rechnen, solange man sich an den **vorgezeichneten Weg** hält. Dieser scheint oft nicht erkennbar zu sein, der Führer kennt ihn trotzdem. Halten Sie sich in solchen Fällen an seine Anweisungen.

Die erwähnte Ausnahme betrifft den **plötzlichen Wetterumschwung**. Auch der Führer kann ihn nicht verhindern, aber er kennt (meist) die Anzeichen und weiß, wo man Schutz finden kann (Unterstände, Höhlen). Vertrauen Sie ihm auch, wenn er bei Sonnenschein und geringer Bewölkung den Weg verläßt und eine nahebei liegende Höhle aufsucht - bezüglich des Wetters irrt er sich selten. Sie selbst können sich gegen die Auswirkungen von Wetterumschwüngen nur durch das Mitführen von adäquater Kleidung bzw. Ausrüstung schützen (Regenschutzbekleidung, Biwaksack, warme Reservekleidung für Sie und Regenschutz für Ihre Ausrüstung).

Wenden wir uns nun den Gefahren zu, denen Sie selbst bei Vorbereitung und Begehung **vorbeugen** können.

▶   **Trainieren** Sie bereits zu Hause Ihre Muskeln (Kraft- und Ausdauertraining), und kommen Sie fit und gesund an der NP-Grenze an (keine Verkühlung, kein Durchfall, etwaige Krankheiten sollten speziell bei Jugendlichen und Kindern mehrere Wochen zurückliegen).

▶   Es ist nicht besonders sinnvoll, den Kräftigen zu spielen, wenn Ihnen bereits die Umwelt vor den Augen verschwimmt. Auf einigen Teilstücken des Umbwe wie des Mweka Trails können solche Selbstüberschätzungen tödlich enden. Es ist keine Schande, nicht der erste im Camp zu sein.

▶   Die Besteigung des Mt. Kilimanjaro ist kein Sonntagsausflug, die Wege sind nicht immer leicht zu bewältigen. Sie kämpfen mit Rutsch- und Sturzgefahr, betreten Sie die schwierigeren Trails (Umbwe, Machame, Western Breach) daher nur, wenn Sie über **absolute Trittsicherheit** verfügen. In größeren Höhen kommt zu den Unfallursachen Übermüdung und Erschöpfung noch **Sauerstoffmangel** hinzu.

▶   Wenn Sie übermüdet oder gar erschöpft sind, stellt es kein allzu großes Problem dar, eine weitere Nacht im Camp zu verbringen und sich auszuruhen (die Kosten dafür können beim HQ im nachhinein entrichtet werden). Bezüglich zusätzlicher Nahrung: Es wird üblicherweise die Möglichkeit eines Reservetages einkalkuliert (nicht verbrauchte Nahrungsmittel teilen Träger und Führer unterein-ander auf).

Zur Vermeidung von Höhenkrankheit, Früherkennung von Erfrierungen und/oder Sonnenstich usw. ☞ Reise-Infos von A bis Z: Gesundheit.

Geh- und Höhentaktik

▶   Für einen erfolgreichen Gipfelsturm muß die **Gehgeschwindigkeit** der Höhenlage und dem **Trainingszustand** des Wanderers **angepaßt** sein. Die Steue-rung der Gehgeschwindigkeit erfolgt dabei über den **Atemrhythmus**:

◆   Untrainierte: 2 Schritte einatmen, 3 Schritte ausatmen,
◆   Mäßig Trainierte: 1 Schritt einatmen, 2 Schritte ausatmen,
◆   Gut Trainierte: 1 Schritt einatmen, 1 Schritt ausatmen.

Dieser Rhythmus sollte kontinuierlich und möglichst ohne größere Pausen bis auf eine **Höhe von ca. 3.500 m** beibehalten werden. Bei Steigungen oder Schwie-rigkeiten wird man dabei automatisch langsamer und paßt sich so dem Gelände an, der Kräfteverschleiß ist hierbei am geringsten. Eine alte Alpinistenweisheit dazu: "Wer schneller geht als ein Ochs, ist ein Ochs".

▶   Eine **falsche Gehtaktik** erkennt man sofort an notwendig werdenden **Erho-lungspausen**. Längere Pausen während der Tour bringen wenig oder gar keine Erholung, man ist nach langem Rasten meist weniger leistungsfähig als vorher. Für notwendige Verrichtungen wie Essen, Kleiderwechseln und Toilette genügen einige wenige Minuten. Übernachtungen sind von dieser Vorgehensweise natür-lich ausgenommen - langer, tiefer Schlaf bringt immer Erholung bei Ermüdung.

☺   Der Tag sollte, bevor man den oben beschriebenen Rhythmus aufnimmt, mit dem sog. **Warmgehen** begonnen werden: ungefähr die erste halbe Stunde mit bewußt verminderter Geschwindigkeit marschieren und danach langsam die Geschwindigkeit auf den individuellen Rhythmus steigern.

Bei Kletterpartien (Western Breach, Arrow Glacier) muß die Atemfrequenz allerdings erhöht werden, danach kann kurz gerastet werden.

▶   Ab etwa **3.500 m** Höhe muß aufgrund des verminderten Sauerstoffgehaltes/Sauerstoffpartialdruckes diese **Atemfrequenz erhöht** werden. Ab dieser Höhe steigt auch die **Gefahr der Höhenkrankheit**. Um dieser Gefahr auszuweichen, muß sich der Körper zuerst einmal an die Höhenlage anpassen. Das bedeutet:

♦   Langsam gehen (je höher, desto langsamer),
♦   die **Schlafhöhe** sollte einige 100 Höhenmeter **unter** der erreichten Tageshöhe liegen,
♦   mit leicht erhöhtem Oberkörper schlafen,
♦   sämtliche unnötigen Anstrengungen vermeiden (eine weitere Alpinistenregel lautet: "Schlepp' Dich nicht zu Tode"),
♦   auf Früh- und Warnzeichen achten (☞ Reise-Infos von A bis Z: Gesundheit, Höhenkrankheit),
♦   Flüssigkeitseinnahme (☞ Reise-Infos von A bis Z: Essen und Trinken) nicht vergessen.

Man muß die **Adaption** von der **Akklimatisierung** unterscheiden. Adaption ist die sofort einsetzende Reaktion des Körpers auf geänderte Umweltbedingungen wie z.B. die Höhe. Bestimmte Körpervorgänge werden hierbei enorm angekurbelt, eine Art Notaggregat wird angeworfen. Die Belastung für den Organismus ist sehr hoch, selbst wenn Sie nur stehen und sich nicht bewegen. Der Wanderer ist - Training hin, gute Kondition her - bei weitem **nicht voll leistungsfähig**.

Die Phase der Adaption hilft, die Zeit bis zur vollständigen Akklimatisierung zu überbrücken. Um zu Ihrer vollen Leistungsfähigkeit zurückzugelangen, benötigen Sie auf 4.000 m einen Aufenthalt (individuell unterschiedlich) von 4 bis 6 Tagen, auf 5.000 m bis zu zwei Wochen.

Ab ca. **5.300 m** Höhe findet **keine Akklimatisierung** mehr statt. Das bedeutet:

♦   Geschwindigkeit noch weiter verringern,
♦   keinen allzu langen Aufenthalt am Gipfel und danach wieder so weit wie möglich absteigen,
♦   keine unnötigen Anstrengungen,
♦   Raucher sollten auf eine Gipfelzigarette verzichten.
♦   Wenn Sie schon müde sind, überlassen Sie Ihr so leicht wie möglich gehaltenes Gepäck dem Führer.

✋ Die Einhaltung der genannten Regeln ist essentiell, damit diese schöne, wenn auch anstrengende Wanderung nicht in einen Alptraum abgleitet.

Bedenken Sie, daß der Uhuru Peak um einige hundert Meter höher als das Basislager für eine Mt.-Everest-Besteigung liegt. Erfahrene und geübte Bergsteiger, die den höchsten Gipfel der Welt erreichen wollen, nehmen sich von Katmandu (1.350 m) aus für die Erreichung des Basislagers nur aus Akklimatisierungsgründen bis zu zwei Wochen Zeit.

Organisation und Durchführung

Seit 1993 müssen Touristen die Dienste eines sog. *Tour Operators* vor Ort in Anspruch nehmen. Auch für europäische Reisebüros, die die Besteigung mit NP-Besuch pauschal anbieten, ist dies obligatorisch.

Ein Tour Operator ist ein Reisebüro (bzw. dessen leitender Mitarbeiter), das sich auf bestimmte Serviceleistungen, in unserem Fall die Begehung des Mt. Kilimanjaro (und meistens des Besuchs einiger NPs), spezialisiert hat. Erwarten Sie aber vom Gros der Tour Operators keinerlei Informationen zu Geschichte, Geologie, Flora/Fauna, Gesundheit usw., keine Routenbeschreibungen, keine Vermittlung von Wissen über den Berg und seine Eigenheiten. Viele Tour Operators in Arusha haben den Mt. Kilimanjaro noch nicht einmal von unten gesehen.

Insgesamt gibt es in Arusha, Moshi und Marangu etwas mehr als 200 Tour Operators (davon alleine in Arusha ca. 160) - Tendenz trotz harter Konkurrenz noch zunehmend. Daß sich darunter auch einige schwarze Schafe befinden, ist zu erwarten.

Da aus verschiedensten Gründen eine Auflistung bzw. Klassifizierung aller *tour operator* unmöglich ist (sich laufend ändernde Anzahl, Namen, Besitzer usw.), beschränke ich mich am Ende dieses Kapitels mit der Auflistung von Unternehmen in Arusha und Moshi, die seit Langem über einen guten Ruf verfügen (ein Grund für eine 100%ig zufriedenstellende Durchführung ist dies jedoch auch nicht).

Weiterhin liegt im Büro der TTC in Arusha eine Schwarze Liste (*black list*) aus, in welcher (fast) alle *tour operator* verzeichnet sind, die nicht korrekt arbeiten. Unter nicht korrekt arbeiten wird allerdings auch das Nichtbezahlen von Steuern und (relativ hohen) Gebühren verstanden. Wenn Ihnen von einem *tour operator* irgendwelche Schwierigkeiten bereitet werden, melden Sie dies unverzüglich der TTC in Arusha. Damit Ihnen das aber erspart bleibt (die *black list* ist nie auf aktuellen Stand) hier einige Tips, damit Sie ungeschoren davon kommen.

▶   Eine **Häufung von Zufällen** sollte Sie mißtrauisch machen: "Ja, super, zufällig führen wir gerade übermorgen (Ihr geplanter Abmarschtermin) diese Tour
durch, und zufällig fehlen genau noch zwei Leute (Sie und Ihr Begleiter), um die
Gruppe zu vervollständigen - da wird es billiger. Überhaupt bieten wir die Begehung zufällig z.Z. im Ultra-Sonderangebot an. Sie sind Deutsche? - Phantastisch!
Zufällig sind die anderen Teilnehmer auch Deutsche, wie schön, und der Führer
kann auch noch ein bißchen Deutsch - wunderbar!"

▶   Gehen Sie bei **Einholung von Auskünften** getrennt vor, wenn Sie zu zweit
oder in einer Gruppe reisen. Sind die Informationen **gleichlautend**, ist das ein
gutes Zeichen. Beziehen Sie mehrere Angestellte (falls vorhanden) in das Ge-
spräch ein, **widersprüchliche Aussagen** sollten Sie ebenfalls mißtrauisch machen.

▶   Lassen Sie sich von evtl. erwähnten Teilnehmern Namen und Hotel-
adressen geben. So können Sie **persönlich mit ihnen in Kontakt treten**, um die
Angaben des Tour Operators zu überprüfen.

▶   Ein Grund zur Skepsis sollten auch sehr niedrige Preise sein. Wer eine
sechstägige Wanderung um US$ 350 anbietet (inkl. aller Gebühren und Leistun-
gen wie im Kapitel "Preise" beschrieben) kann entweder nicht kalkulieren (und
stellt Nachforderungen) oder ist mit Ihrem Geld sofort nach Bezahlung über alle
Berge.

▶   **Fragen Sie**, fragen Sie und fragen Sie noch einmal! Wiederholen Sie auch
Ihre Fragen nach einiger Zeit (wobei es nützlich ist, wenn Sie sich die vorange-
gangenen Antworten gemerkt haben), oder kommen Sie am nächsten Tag wieder,
und fangen Sie von vorne an.

▶   Sprechen Sie mit **anderen Touristen** über ihre Erfahrungen.

▶   Versuchen Sie, den vorgeschlagenen **Führer persönlich kennenzulernen**,
und fragen Sie auch diesen aus (dabei können Sie seine Englischkenntnisse überprüfen).

▶   Diese Fragerei kann, da Sie sie bei mehreren Tour Operators durchführen
sollten, Ihr Zeitbudget stark belasten. Sie können aber bereits **von zu Hause** aus
mittels Telefon oder Fax **Angebote** einholen. Damit sollten Sie ca. **6 Wochen vor
geplanter Abreise** anfangen und auf diese Weise eine erste Vorauswahl treffen.
Die meisten Tour Operators verfügen über diese technischen Einrichtungen
(Nummern weiter unten). Wer nicht antwortet, scheidet von vornherein aus.

Beispiel: Bitte um ein schriftliches Angebot

Absender (Name, Adresse, Telefon- u. Faxnummer)
Empfänger (für Liste mit Tour Operators ☞ unten)

Datum

Dear Sirs!

I/we plan to climb the Mt. Kilimanjaro in ... *(Ihre geplante Aufenthaltszeit)* on the ... Trail *(gewünschte Route).* As I know you are a very reputable company and since I am/we are used to cooperate with well-organized partners I/we invite you to work out a detailed and well-calculated offer so maybe I/we can do an order in advance.

We are a group of ... people all in good/moderate training. We need an English-speaking guide and porters.

1) In how many days is it possible to do this tour? Is the suggested time a good one? *(Wenn Sie als Wanderzeit z.B. März oder November angeben, müßte ein korrekt arbeitender Tour Operator Sie darüber informieren, daß das die schlechtesten Monate sind, um den Mt. Kilimanjaro zu begehen, ☞ Reise-Infos von A bis Z: Klima.)*

2) How many porters and guides do we need? *(☞ Führer, Träger, Ranger)* Costs for 1 porter/1 guide per day? What about entrance fee, hut fee, insurance, transport and food for porters and guides? *(Bei korrekt arbeitenden Tour Operators fallen hier keine oder nur geringe Kosten an.)*

3) Costs for entrance and hut fee, insurance per day, per person?

4) How many meals per day, how many courses per meal and which kind of food do you serve on the tour? *(Spezielle Ernährungswünsche sollten Sie hier anbringen, ☞ Reise-Infos von A bis Z: Essen und Trinken).* Costs for food per day, per person? Are there extra costs for the cook? *(Auch hier sollten keine Extrakosten anfallen.)*

5) Costs for transport (incl. driver) to the gate and back to the hotel per person?

6) Costs for equipment *(tent/mattresses und was Sie sonst noch brauchen)* per day, per person? *(Auch hier eigentlich keine Extrakosten.)*

7) Can you recommend a good value hotel in ...? *(Viele Tour Operators verfügen über ein eigenes Hotel, und meist ist die Nacht vor sowie die Nach nach der Tour im Preis inbegriffen).* Price for a two-bed room per day?

8) Could you collect me/us from the airport? Cost for this service (incl. driver) per person? *(☞ Reise-Infos: Preise)*

Thank you very much for your prompt answer.

Yours sincerely *(Unterschrift)*

Trotz erfolgter Antwort wird es Ihnen allerdings nicht erspart bleiben, vor Ort die Tour Operators aus der engeren Wahl noch einmal persönlich zu aufzusuchen.

Bei einer brieflichen Anfrage müssen Sie trotz Luftpostbeförderung ca. 2 Wochen auf eine Antwort warten.

Tour Operators in Arusha

♦ Abercrombie & Kent, PO Box 427, Arusha, im AICC (Serengeti wing), ☎ 00255/57/8347, FAX 8273 (zählt zu den angesehensten, aber auch teuersten Veranstaltern).

♦ UTC, PO Box 2211, Arusha, Goliondoi Rd, ☎ 00255/578844, FAX 8222, (ebenfalls sehr renommiert, teuer).

♦ State Travel Service, PO Box 1369, Arusha, Sokoine Rd, ☎ 00255/57/ 8715-17, FAX 8209.

♦ Lion's Safari International, PO Box 999, Arusha (AICC, Ngorongoro wing), ☎ 00255/57/8104, FAX 8264 (bietet auch billigere Touren an).

♦ Executive Travel Service, PO Box 7462, Arusha (AICC), ☎ + FAX 00255/57/ 8050.

♦ Ranger Safaris Ltd., PO Box 9, Arusha (AICC, Ngorongoro wing), ☎ 00255/ 57/3738, 3023, FAX 8205.

♦ Hoopoe Adventure Tours Tanzania Ltd., PO Box 2047, Arusha, India Street, ☎ 00255/57/7541, 7011, FAX 8226 (sehr gut organisiert).

♦ Shidolya Tours & Safaris, PO Box 1435, Arusha (AICC, Serengeti wing), ☎ 00255/57/8506, FAX 8242.

♦ Roy Safaris Ltd., Sokoine Rd/Goliondoi Rd, PO Box 50, Arusha, ☎ 00255/ 57/8010, 2115, FAX 8892, (bietet neben relativ teuren Lodgesafaris auch günstige Campingsafaris an).

♦ Wildersun Safaris Ltd., PO Box 930, Arusha, ☎ 00255/57/3880, FAX 8223.

♦ A.J.Safaris, ☎ + FAX 00255/57/2786.

♦ Arumeru Tours, ☎ 00255/57/7637, FAX 2885.

♦ B.M. Safaris, ☎ 00255/57/8541, FAX 8085.

♦ Crane Safaris, ☎ 00255/57/6269, FAX 8788.

♦ Cordial Tours, ☎ 00255/57/6517, FAX 8866.

♦ Easy Travel, ☎ 00255/57/3929, FAX 7322.

♦ Equatorial Safaris, ☎ 00255/57/7006, FAX 2617.

♦ Sunny Safaris Ltd., ☎ 00255/57/8184, FAX 6630.

♦ Tropical Africa Trails, ☎ + FAX 00255/57/8299.

♦ Twiga Travel, ☎ 00255/57/3383, FAX 6503.

♦ Unique Trekking Tours, ☎ 00255/57/8456, FAX 8256.

♦ Wildspirit Safaris, ☎ 00255/57/4215 (bietet auch Fahrradsafaris an).

Tour Operators in Moshi

♦ Laka Tours and Car Hire, Lutheran Complex (Room 9), PO Box 1331, Moshi, ☎ + FAX 00255/55/50144.

♦ ZARA Tanzania Adventures, PO Box 1990, Moshi, ☎ 00255/55/54240, FAX 53105 (empfehlenswert).

♦ Mauly Tours & Safaris, PO Box 1315, Moshi, ☎ 00255/55/50730, FAX 53330.

♦ Trans Kibo Travel, im YMCA, PO Box 558, Moshi, ☎ + FAX 00255/55/52017.

♦ MJ Safaris International Ltd., PO Box 9593, Moshi, ☎ + FAX 00255/55/52246.

♦ AfriGalaxi Tours & Travel Ltd., PO Box 8340, ☎ 00255/55/50268 + ☎ 55873, FAX 53666 + FAX 51113.

▶ Tour Operators in Marangu und weitere Informationen über Tour Operators ☞ Reise-Infos von A bis Z: Basisstationen, Marangu, Hotels in Moshi/Arusha sowie TTC in Arusha.

☺ Alle genannten Tour Operators bieten auch **Safaris** in die umliegenden NPs an. Wenn Sie eine solche vorhaben, können Sie darauf in Ihrer Anfrage nach einem Angebot hinweisen und diese Möglichkeit mit der Aufforderung zu einem **Mengenrabatt** verknüpfen (wobei Ihre Erwartungen nicht zu hoch sein sollten).

☹ Bezahlt wird im voraus - entweder in tsh oder in harten Dollars (diese werden lieber gesehen). Nach viel Feilscherei erreichen Sie vielleicht, daß Sie nur ca. 80% der Gesamtsumme im voraus zu bezahlen brauchen. Zahlen Sie soweit wie möglich in **Reisechecks**, die meisten Tour Operators sind berechtigt, diese anzunehmen, bei hartnäckiger Weigerung - Vorsicht! (vielleicht Anfrage bei der TTC).

Es geht los!

Sie haben Vertrauen gefaßt, gebucht und bezahlt; übermorgen geht es los. Zuerst muß der Tour Operator zum NP-HQ in Marangu und die offiziellen Gebühren abliefern, damit ein *permit* ausgestellt wird. Auf diesem werden Verlauf und Dauer der Tour genau festgehalten. Von diesem Zeitpunkt an ist eine Änderung (außer bei Krankheit, Unfall o.ä.) nicht mehr möglich.

✋ Das *permit* ist über die gesamte Strecke **mitzuführen** und wird beim Eingang wie Ausgang (u.U. auch zwischendurch) von Rangern **kontrolliert**. Sind Sie auf dem falschen Weg, werden Sie höflich, aber bestimmt zum Ausgang begleitet, der Führer verliert seine Lizenz, das Geld ist verloren.

Wenn Sie mit Ihrem Tour Operator die Begehung eines nicht-offiziellen Trails oder eine falsche Gehrichtung auf einem offiziellen vereinbart haben, scheitert Ihr Vorhaben spätestens bei Ausstellung des *permits*, und neue Verhandlungen sind nötig (☞ Die Trails - Einführung).

▶   Der vereinbarte Abholungstermin (meist ca. 8:00) wird aus verschiedensten Gründen meist um 1 bis 2 Std. überschritten. Eine weitere Stunde verlieren Sie in Moshi, da erst jetzt Nahrungsmittel am Markt eingekauft werden können. Nach einer weiteren Stunde sind sie endlich am NP Gate angelangt. Hier verlieren Sie noch eine Stunde, da erst hier das Gepäck marschfertig gemacht wird. Abmarsch ist gegen Mittag. Ein gutmütiger Führer läßt Sie aber, obwohl er das nicht dürfte, alleine vorausgehen, die anwesenden Ranger drücken meist ein Auge zu - der Führer hat Sie bald wieder eingeholt, die Träger überholen Sie.

Trinkgeld

☺   Trinkgeld geben geschieht freiwillig und ist nicht selbstverständlich. Sieht man sich allerdings den geringen Verdienst von Führern und Trägern an, die aufgrund mangelhafter Ausrüstung, schwerster Arbeit, daraus folgender Übermüdung usw. auf Teilstücken ihr Leben riskieren, sollte man sich die Vorenthaltung von Trinkgeldern überlegen und für die teils rabiaten Forderungen (hoffentlich) Verständnis entwickeln.

▶   Die Verwaltung des Kilimanjaro-NPs will als Standard erreichen, daß jeder Träger pro Tour (= 6 Tage) US$ 50 verdient und auf diese Weise die Belästigung von Touristen ein Ende nimmt. Derzeit erhält er pro Tour vom Tour Operator (der Führer wie Träger erst nach Wochen bis Monaten Wartezeit bezahlt) ca. US$ 15 bis 18, ein Führer verdient ungefähr das Doppelte (welche Summe Ihnen auch immer verrechnet wird). Ein passables bis sehr gutes Trinkgeld bewegt sich nach wie vor in Höhe von 50 bis 100% des Lohnes, den Träger und Führer vom Tour Operator für eine Tour bezahlt bekommen.
   An Stelle von Bargeld können auch Ausrüstungsgegenstände gegeben werden, am begehrtesten sind Schuhe und warme Kleidung. Dieser "Brauch" geht wahrscheinlich auf Ed. Oehler und Dr. F. Klute zurück. Sie waren die ersten, die 1912 Träger mit warmer Kleidung ausstatteten (sie erklommen den Mt. Kilimanjaro an seiner Westseite, ungefähr heutiger Machame Trail).

▶   Die **Verhandlungen** bezüglich Trinkgeldes werden mit dem **Führer** geführt. Falls Grund zur berechtigten Klage über einen bestimmten Träger oder über ihn selbst besteht, dann äußern Sie sich bestimmt und genau. Ein abschließender **Umtrunk** (auf Ihre Kosten, versteht sich) in einer tansanischen Bar läßt Sie bei Führer und Trägern nicht nur in guter Erinnerung bleiben, sondern gewährt Ihnen auch Einblicke in die Lebensverhältnisse von Tansaniern.

☺   Das Wohlwollen von Führer und Trägern sichern Sie sich auch durch **kleine Geschenke** vor Beginn der Wanderung, beispielsweise ein Päckchen **Zigaretten** ("Sportsman", US$ 0,75) für jeden Teilnehmer der Tour (auch für Nichtraucher; diese verkaufen die Zigaretten stückweise an Kollegen). Auf den Hütten des Marangu Trails sowie beim Rangerposten am Mweka Trail werden Sie nicht umhinkommen, eine Flasche Bier pro Person zu spendieren.

Hütten und Camps

Hütten

Hütten existieren lediglich entlang des **Marangu Trails**: **Marangu-HQ**, **Mandara Hut**, **Horombo Hut**, **Kibo Hut**. In allen genannten Hütten ist eine Funkstation installiert, die nicht immer funktioniert, an Erste-Hilfe-Einrichtungen existiert eine fahrbare Bahre pro Hütte. Alle Hütten verfügen über eine Solaranlage zur Stromerzeugung (Funkstation und Beleuchtung). Es ist erklärter Wunsch der TANAPA, den Standard aller Hütten zu heben.

Wie im Tourismusgeschäft üblich, sind auch hier **Überbuchungen** und **Improvisation** die Regel, da kann es schon einmal passieren, daß der Wanderer in der Dining Hall unter den Tischen schlafen muß oder daß statt 8 erlaubten Zelten 20 bunte Stoffpunkte die Landschaft zieren. Die Besteigung des Mt. Kilimanjaro ist in jeder Hinsicht ein Abenteuer.

❶   **Marangu-HQ, 1.826 m**

Hier befinden sich der Sitz des **Chief Warden** der KINAPA, ein **Parkplatz**, (hier wird auch das Gepäck in ca. 1 Std. endgültig marschbereit verpackt, Sie können diese Zeit nutzen, um den nah gelegenen Wasserfall zu besuchen (ca. 15 Min.)), **Toilettenanlagen**, ein **Shop** mit Energy Food, Soft Drinks, Büchern, T-Shirts ("I have done it"), Zigaretten, Souvenirs (alles vergleichsweise teuer), ein **Booking Office/Rezeption** (hier wird die Bezahlung der offiziellen Gebühren bei Antritt der Wanderung kontrolliert und bei Beendigung der Tour ein Zertifikat über den jeweiligen Erfolg ausgestellt, das hier erhältliche offizielle Mt. Kilimanjaro Guidebook der KINAPA ist veraltet!), ein **Ausrüstungsverleih**, **Gedenktafeln** an die Erstbesteiger (Meyer, Purtscheller, Lauwo) und eine **Eukalyptusallee** (die importierten Bäume sollen durch einheimische ersetzt werden). **Herberge** und **Campingplatz** sind aufgrund der Gesetzeslage **geschlossen**. Geplant ist die Errichtung einer sog. **Day-Use-Zone**. Befestigte Wege in der näheren Umgebung des HQ werden diejenigen, die nur kurz den Regenurwald bestaunen wollen, erfreuen (keine Träger, kein Führer, erhöhte Eintrittsgebühren). Ursprünglich markierte die Lage des Marangu HQ eine deutsche Militärstation (Dr. C. Peters) und anschließend eine wissenschaftliche Station der Herren Volkens und Lendt.

❷   **Mandara Hut, 2.700 m**

Ursprünglich als Bismarck-Hütte bezeichnet, ca. 1910 von Dr. E. Th. Förster errichtet, einem deutschen Siedler aus Moshi. Bereits damals wurden hier *softdrinks* und Flaschenbier verkauft. 5 **Holzbungalows** bieten Platz für 40 Wanderer, eine *dining hall* bietet im Dachboden (Schlafsaal) Platz für 20 Menschen, 2 **Toilettenanlagen** (2 Duschen mit Kaltwasser). Das Platzangebot soll durch Erneuerung des z.Z. ungenutzen "Weißen Hauses" erweitert werden (18 Personen). **Küche**, **Rangerunterkunft** (Kontrolle, Funkstation, Beschwerden, Anfragen) sowie **Unterkünfte für Träger und Führer** vervollständigen die Anlage. Offiziell **keine Campingmöglichkeit**.

Die Anzahl der Toilettenanlagen und Küchen soll erhöht werden. Derzeit benutzen sehr viele Wanderer, Träger und Führer die Umgebung als Toilette. Als Küche werden z.Z. zusätzlich, da der Andrang in die eine vorhandene zu groß ist, offene **Lagerfeuer** errichtet. Das erscheint zwar sehr romantisch, bedeutet aber enorme **Brandgefahr** und **Umweltverschmutzung**.

Ein Flüssigbrennstofflager soll errichtet werden, um die Abholzungen zu verhindern, weiterhin Schautafeln, Zisternen (für die Nutzung von Regenwasser als zusätzliche Ressource) und Lagerräume.

Die Ranger verkaufen in ihrer Unterkunft in Eigenregie Energy Food, Soft Drinks und Bier. Sie werden nicht umhinkommen, Ihre Träger und Führer vor allem **mit Bier zu bewirten** (der Verkauf speziell von Bier ist an und für sich nicht gestattet). Das gilt auch für die anderen Hütten, wobei die Preise für Bier mit zunehmender Höhe steigen (US$ 1 auf der Mandara Hut bis US$ 2 auf der Kibo Hut), da jede Flasche, jeder Riegel auf Trägerrücken hinaufgeschleppt werden muß.

❸   **Horombo Hut, 3.720 m**

Ursprünglich als Peters Hütte bezeichnet (benannt nach Dr. Carl Peters, deutscher Kolonialist), ebenfalls um 1910 von Dr. E. Th. Förster errichtet. 10 **Holzbungalows** bieten Platz für 80 Personen, der Dachboden über der Dining Hall (Schlafsaal) faßt 20 Personen. **Toilettenanlagen**, eine **Küche** sowie **Träger-/Führer- und Rangerunterkünfte** erweitern das Angebot, 8 **offizielle Zeltplätze** (16 Personen).

Die Anzahl der Toilettenanlagen wie der Küchen soll aus ähnlichen Gründen wie bei der ☞ Mandara Hut erhöht werden. Weiterhin sollen ein Flüssigbrennstofflager, Zisternen, 2 Beobachtungsveranden (gedeckt und nicht gedeckt), Schautafeln und 4 solarbeheizte Duschanlagen errichtet werden.

Obwohl der Kibo-Gipfel von hier bereits zu sehen ist, ist die Mandara-Anlage in ihrer Gesamtheit schöner.

❹   Kibo Hut, 4.700 m

Bereits 1913 plante die Sektion Hannover des "Deutschen und Österreichischen Alpenvereines" die Errichtung einer Hütte in dieser Höhenlage. Die Materialien wurden im Frühjahr 1914 auf dem Seewege nach Deutsch-Ostafrika gebracht. Als der Erste Weltkrieg auch Afrika erreichte, war es mit diesem Vorhaben vorbei, das Material wurde für ein Hilfslazarett benötigt. Heute bietet ein Steingebäude 58 Wanderern Platz (Schlafsäle mit integriertem Eßplatz), z.Z. **keine Küche**, es wird auf offenem Feuer gekocht (oder gar nicht). 8 **offizielle Zeltplätze** (16 Personen).

Auch hier soll die Anzahl von Toilettenanlagen und Küchen erhöht und ein Flüssigbrennstofftank, Zisternen und Schautafeln installiert werden.

Die **Lage der Hütte** (Steinwüste, eiskalt, Gefahr des Sonnenbrandes sehr groß) ist **phantastisch**, der Kibo zum Greifen nah.

Camps

Die *Draft National Policies for National Parks in Tanzania* vom September 1992 verbieten (Ausnahme also nur auf dem Marangu Trail) feste Unterkünfte außer Toiletten auf allen anderen Trails. Dies beschränkt die Unterkunftsmöglichkeiten auf Zelt und Schlafsack.

▶   Es gibt z.Z. 12 Camps, daran wird sich auch in nächster Zukunft nicht allzu viel ändern (☞ Shira Trail).

Die Camps von West nach Ost: Shira, Machame, Umbwe, Lava Tower, Arrow Glacier (verwirrender Weise hin und wieder auch als Moir Hut/Camp bezeichnet), Barranco, Karanga, Mweka, Barafu, Western Breach Camp, Rongai Camp I und II.

Im Machame, Shira, Barranco, Barafu und Mweka Camp dienen z.Z. noch je 2 Blechhütten als Unterkünfte für Träger/Führer, sie werden auch als Küche benutzt. Sie sollen abgerissen werden.

▶   Die Entfernungen zwischen den Camps können auch von weniger trainierten Menschen **innerhalb eines Tages** bewältigt werden (6 bis 11 km). Die Lage richtet sich nach vorhandenen Höhlen oder Überhängen, die als Unterkünfte für

Träger/Führer dienen, und dem Vorhandensein von Flüssen/Bächen für die Wasserversorgung.

▶   **Wasser** gibt es beim Umbwe, Machame, Shira, Barranco, Karanga, Mweka und Rongai Camp I, die Wasserversorgung vom Rongai Camp II ist nicht ganzjährig gesichert.

▶   **Brennholz** wächst in direkter Umgebung vom Umbwe, Machame, Mweka, Shira und Rongai Camp I (☞ Reise-Infos von A bis Z: Essen und Trinken).

▶   **Neue Toilettenanlagen** wurden bei Machame, Karanga, Barafu, Mweka, Rongai I errichtet, alle anderen Camps werden nach und nach mit Toilettenanlagen bestückt. Duschen sind nicht vorhanden. Eine Überbelegung der Camps ist aufgrund der geringen Besucherfrequenz nicht zu erwarten, sollte es dennoch zu Platzmangel kommen, wird ein "neuer" Zeltplatz ausgewählt, der allerdings den Nachteil haben kann, daß er von den Toilettenanlagen weit entfernt ist.

▶   Die **Temperaturen** können auch in den ersten Camps auf der 2.700-m-Linie während der Nachtstunden bereits unter 0° sinken, die oberhalb dieser Linie gelegenen Camps weisen auch **tagsüber Minustemperaturen** auf. Träger und Führer, die weder mit Zelten noch mit Schlafsäcken ausgerüstet werden, wärmen sich daher am Lagerfeuer in den Höhlen. Rauch und Ruß schwärzen nicht nur die Innenwände der Höhlen, sondern auch die Lungen der Menschen. Zusätzlich wird jedwede Vegetation der Höhlen und der näheren Umgebung zerstört. Außerdem führen die Temperaturunterschiede im Laufe der Zeit zu einer Lockerung des Gesteins. Träger wie Führer kommen daher vom Regen in die Traufe: Die **Lebensgefahr** durch Erfrieren ist gebannt -aber zig Tonnen lockeres Gestein hängen wie ein überdimensionales Damoklesschwert über ihnen.

Die **Höhlen** der Camps können weit verstreut auseinander liegen (Barranco und Karanga Camp), das kann bei nächtlichem Harndrang einen Anmarschweg zur Toilette von bis zu I km bedeuten, da diese meist das Zentrum des Camps bildet. Das nimmt natürlich niemand auf sich, die Umgebung sieht auch so aus...

Grundsätzlich **verbieten** die Draft National Policies die Benutzung von Höhlen und zwingen Tour Operators, Führer wie Träger mit Zelten auszustatten. Die **Praxis** sieht aber anders aus. Da Zelte und Schlafsäcke nicht kostenlos an den Bäumen wachsen und jeder Tour Operator in erster Linie den Profit sieht, nimmt er von diesen zusätzlichen Ausgaben weiten Abstand. Kurz gesagt: Träger und Führer sollen selber zusehen, daß sie nicht erfrieren; diese wiederum können sich aber von dem relativ geringen Lohn diese Ausrüstungsgegenstände nicht leisten und schlafen auf dem nackten Erdboden, geschützt nur durch Hose und Hemd.

Die KINAPA hätte die Macht, diese **Mißstände** durch Gewaltmaßnahmen (Verbannung des jeweiligen Tour Operators aus dem NP) sofort abzustellen. Das würde aber aufgrund der harten Konkurrenzsituation (knappe Preiskalkulation) zu **Preiserhöhungen** führen. Die befürchteten Folgen: Das Sinken von Besucherzahlen und Einnahmen könnte nur durch eine Erhöhung der Eintritts- wie Übernachtungsgebühren ausgeglichen werden, was zu weiterem Besucherschwund führen könnte - ein **Teufelskreis**, bei dem die Natur auf der Strecke bleibt. Die KINAPA versucht durch Information und Argumente, die Tour Operators von der Notwendigkeit, die Natur des Mt. Kilimanjaro zu schützen, zu überzeugen.

Genaue Beschreibung der Camps ☞ die jeweiligen Trail-Beschreibungen.

Sonstige Aktivitäten

Der gesamte Kibo (außer den beschriebenen Anstiegen) ist ab einer Höhe von 4.572 m als **Mountaineering-Zone** ausgewiesen und bleibt **Kletterern** vorbehalten. Kletterpartien am Mawenzi sind extrem **gefährlich** (☞ Landeskundliches: Geologie).

Zugang zu den nicht markierten Einstiegen erfolgt über die angelegten Trails bzw. über die (erst einzurichtende) **Wilderness-Zone**. Diese umfaßt das gesamte Gebiet, das nicht in die anderen Zonen fällt. Sie ist konzipiert als Tummelwiese für extreme Naturliebhaber, die in diesem riesigen Gebiet (im Ausmaß von insgesamt 1.506 km²) querfeldein "Natur in Reinkultur" erleben wollen. Es wird daher keine markierten Wege, Camps o.ä. geben, das Schlagen von Feuerholz ist verboten, die Entnahme von Nahrung aus der Umgebung ebenfalls. Die Anstellung von Trägern wird nicht erlaubt, die eines Führers wird obligatorisch sein. Aus organisatorischen Gründen existiert diese Zone z.Z. nur auf dem Papier.

🛈   Chief Warden KINAPA, PO Box 96, Marangu, Tanzania.

✍   Alle anderen Aktivitäten wie Paragliding, Paraballooning, Radfahren, Ballonfahren, Drachenfliegen etc. sind **verboten**! Lediglich Wandern und Klettern sind erlaubt.

▶   Wer sich **wissenschaftlich** am Mt. Kilimanjaro betätigen will (vor allem Biologen, Flechtenspezialisten), wende sich an die Botschaft in Bonn bzw. an

🛈   Director General TANAPA, PO Box 3134, Arusha, Tanzania.

Träger Henry

Die Trails

Die Beschreibung der Trails beginnt an der Parkgrenze und endet am Uhuru Peak.

Ein Drittel der Besucher verzichtet freiwillig und von vornherein auf den Gipfelsturm und begnügt sich mit den Schönheiten des Regenwaldes, der Moor- und Heidezone und der Steinwüste. Von den verbleibenden zwei Dritteln erreichen ca. 80% Uhuru Peak.

Diejenigen, die es vorhaben, aber nicht schaffen, sind zum größten Teil selbst dafür verantwortlich (ca. 85%, der Grund liegt meist in mangelnder Höhenanpassung!).

Im Widerspruch zu den Angaben in verschiedenen Büchern über Tansania und Ostafrika und den Aussagen vieler Tour Operators sind z.Z. nur **sechs Trails und ein Verbindungsweg** zwischen vier von ihnen sowie ein kurzer **Abstecher** offiziell für den Tourismus (mit einer Ausnahme) im Einbahnsystem geöffnet. Einteilung und Benennung dieser Trails erfolgte nach dem Zonen-Konzept der **KINAPA** (*General Management Plan*, Mai 1993):

▶ **Low-Use-Hiking-Zone** (*Summit Bound*, 77 km², 116 km Wegstrecke): Der **Machame Trail**, **Umbwe**, **Shira** und **Rongai Trail** dürfen nur für den Aufstieg benutzt werden, der **Mweka Trail** nur für den Abstieg. Der **Southern Summit Bound** ist Verbindungsweg zwischen den genannten Trails.

▶ **Low-Use-Hiking-Zone** (*Non-Summit Bound*, 3.750 ha, ca. 18 km Wegstrecke): Shira-Plateau (☞ unter Shira Trail). Der Eintrittspreis für diese Zone ist noch nicht fixiert, wird aber in jedem Fall hoch sein.

▶ **Intensive-Use-Hiking-Zone** (2.700 ha, 34 km Wegstrecke): der **Marangu Trail** für Auf- und Abstieg sowie eine kurze Ausflugsroute zum Fuße des Mawenzi.

▶ Die NP-Verwaltung achtet peinlich genau auf die **Einhaltung dieser Regelung.**

▶ **Administrative Zone** (0,6 km²): Ein 7. Trail - **Maua Trail** (bis auf knapp 3.700 m) - ist für Touristen geschlossen. Der Wunsch, daß Maua Trail zu einer Art "Kibo-Hotel-Privat-Trail" wird, wird schon lange und noch immer vom Kibo Hotel-Management geträumt. Er wird nicht in Erfüllung gehen.

Der **Maua Trail** wird zu einer **Allwetterstraße** ausgebaut, die, ausgehend vom Dorf Mweka, nahe der Horombo-Hütte (nicht in Sichtweite) enden wird. Ein großes Flüssigbrennstoff-Lager (Horombo Staging Area) wird zur Versorgung der Tanks in Horombo- und Kibo-Hütte dienen (Mandara-Hütte wird vom Marangu-HQ aus versorgt).

Durch die Verwendung von **Flüssigbrennstoff** soll der Abholzung entgegenge-wirkt werden.

In erster Linie dient die Straße aber der **Rettung** von Unfall-, Höhenkrankheit- oder sonstigen Opfern des Berges durch eine "schnelle Einsatztruppe" per allrad-getriebenem Fahrzeug.

Blick auf den Kilimanjaro von Moshi aus

Zweimal pro Jahr soll der (kostenlose) Anstieg für alte und behinderte Perso-nen mittels Fahrzeug ermöglicht werden, so daß auch diese Gruppe von Men-schen in den Genuß des Anblickes von Regenwald und Heide kommt. Sponsoren für dieses Vorhaben sind herzlich willkommen.

▶ **Mountaineering-Zone** (25 km²) und **Wilderness-Zone** (1.506 km²) ☞ Sonstige Aktivitäten.

▶ **Day-Use-Zone** (1 km²): Marangu-HQ und Shira-Plateau. Kleine Flächen für Tagesbesucher, keine Übernachtungserlaubnis, eine Ausflugsmöglichkeit in den Regenwald beim Marangu-HQ, eine weitere in die Heide- und Moorlandzone am Shira-Plateau. Diese Zone ist aber noch nicht geöffnet, es gibt keine Infra-struktur.

Aller Voraussicht nach wird die Day-Use-Zone des Marangu-HQ zuerst eingerichtet werden - wir werden Sie auf dem laufenden halten.

Die Eintrittspreise sind noch nicht festgelegt, werden aber in jedem Fall hoch sein.

▶ Der **Northern Summit Bound** sowie eine noch existierende **Verbindung zwischen Mwene und Marangu Trail** befinden sich momentan in einem Übergangsstadium und werden geschlossen. Dies wird wahrscheinlich bei Erscheinen dieses Buches bereits vollzogen sein.

Aus diesem Grunde sind diese Trails nur kurz beschrieben.

Wer Gilman's Point erreicht, erhält ein Zertifikat, wer Uhuru Peak oder Stella Point erreicht, erhält eine Bescheinigung, daß er Uhuru Peak erreichte.

Nanjara, Loitokitok, Mawenzi, Geraragua, Mashati, Nravaa, Outward Bound Trail gab es entweder noch nie, oder sie sind geschlossen oder nur einer bestimmten Gruppe vorbehalten (Mweka Wildlife College, Militär), oder es sind Phantasienamen - es gibt sie schlichtweg nicht!

Technische Beschreibungen zu den einzelnen Trails ☞ Die Trails. Die florale Zonierung ist bei allen Trails im Grunde genommen gleich - Details ☞ Landeskundliches, Flora und Fauna.

Legende der Kilimanjaro-Karten

❶ Marangu-HQ
❷ Mandara-Hütte
❸ Horombo-Hütte
❹ Kibo-Hütte
❺ Mweka Camp
❻ Barafu Camp
❼ Karanga Camp
❽ Barranco Camp
❾ Machame Camp
❿ Shira Camp
⓫ Lava Tower Camp
⓬ Arrow Glacier Camp
⓭ Rongai Camp I (*road head*)
⓮ Rongai Camp II
⓯ Londorossi Gate
⓰ Machame Gate
⓱ Umbwe Gate
⓲ Mweka Gate
⓳ Rongai Village + Gate
⓴ Umbwe Camp
㉑ Western Breach Camp
㉒ Simba Camp (aufgelassen)
㉓ Shira Forest Camp
㉔ New Shira Camp I
㉕ New Shira Camp II
㉖ New Machame Camp II
㉗ Londorossi

Ⓐ Uhuru Peak
Ⓑ Gilman's Point
Ⓒ Stella Point
Ⓓ Shira Hauptkamm
Ⓔ Shira Cone

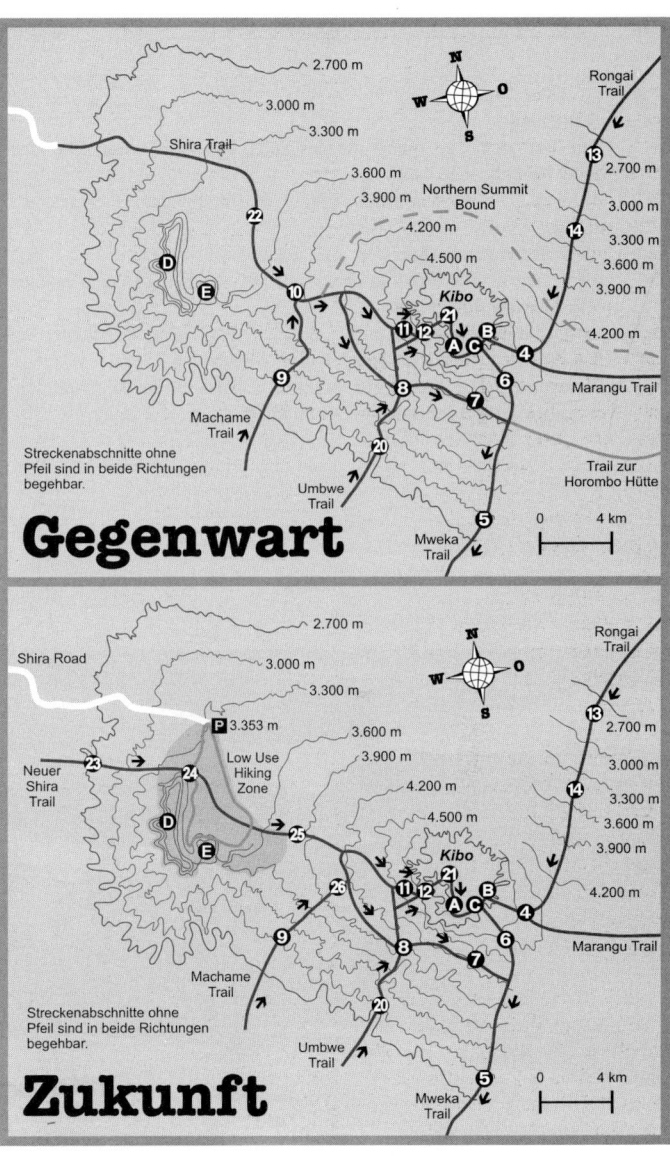

Gegenwart

Zukunft

Zur Erinnerung

▶ Von Tourbeginn an immer Regenschutz, Trinkwasser und Biwaksack dabei haben!

▶ Ab 2. Tag ein warmes Kleidungsstück, Kopfbedeckung, Sonnenschutzmittel!

▶ Ab 3. Tag ein zusätzliches warmes Kleidungsstück!

▶ Ab 4. Tag (Gipfelsturm) Taschenlampe, Reservebatterien und Sonnen- oder Gletscherbrille mitnehmen!

▶ Gehen Sie das Unternehmen langsam und vorsichtig an. Unfallopfer werden vom Shira Trail, Machame, Umbwe, Mweka und Rongai Trail auf den Rücken der Träger ins Tal transportiert - das dauert! Die fahrbaren Bahren des Marangu Trails entlasten nur Träger - nicht das Opfer.

Die östlichen Gletscherfelder

Shira Trail

🏃 Londorossi Gate - Shira Camp - Arrow Glacier Camp - Uhuru Peak
➲ 36,5 km
⧗ 5 bis 6 Tage (inkl. Abstieg)

Die Statistiken schweigen sich darüber aus, wieviele Touristen in den letzten zehn Jahren hier ihr Wandervergnügen suchten. Viele können es nicht gewesen sein. Der Shira Trail ist, gemeinsam mit dem Rongai Trail, der **teuerste Trail** am Mt. Kilimanjaro. Grund dafür sind die hohen Anfahrtskosten. Londorossi Gate ist von Moshi ca. 80 km entfernt (Moshi - Machame ca. 15 km), die Straße ist ab Sanya Juu in erbärmlichstem Zustand (das ist ungefähr die halbe Strecke, die Durchschnittsgeschwindigkeit steigt ab hier nie über ca. 20 km/h, Allrad vorausgesetzt).

Kein Tour Operator schließt diesen Transport in die obligatorischen durchschnittlichen Tageskosten ein, sondern fordert US$ 100 bis 150 zusätzlich. Aufgrund des Zustandes des Shira Trails wird im Zonen-konzept der TANAPA (verständlicherweise) auf die momentane Situation nur sehr spärlich eingegangen; der Zukunft des Shira Trails wird dafür aber um so mehr Raum gegeben (☞ weiter unten).

❶ Londorossi Gate - Shira Camp

➲ 25 km vom Londorossi Gate (2.250 m) bis Shira Camp (3.800 m)
⧗ 4 Stunden (kombinierte Tour: Auto und zu Fuß)

Die bestehende miserable Straße darf nur ausnahmsweise benutzt werden. Die Fahrt führt zunächst durch lichte **Pinienplantagen**, quert einen winzigen **Regenwaldstreifen**, und schon hat man die **Heidezone** erreicht. Sie glänzt hier nicht in solcher Dichte und auch nicht in solchen Wuchshöhen wie auf den südlich und östlich gelegenen Trails. Der Grund ist in der nicht ausreichenden Wasserversorgung zu sehen. Nach insgesamt ca. 2 Std. Fahrt (vom Gate aus gerechnet) hat man das **Shira-Plateau** und bald danach **Simba Camp** erreicht, ein Camp, das gar nicht mehr existieren dürfte. Die Straße endet ca. 4 km hinter diesem Camp.

Stellen Sie bei Buchung dieses Trails 100%ig sicher, **für welchen Transport** Sie bezahlt haben: bis zum Gate, bis Simba Camp oder bis zum Straßenende (*road head*); überprüfen Sie auch, ob die Abholung vom Ziel (Mweka Village, Marangu-HQ) im Preis inbegriffen ist.

Selbstverständlich kann man auch zu Fuß gehen (nicht zu empfehlen). Die Straße ist ein durchgehender "Staubsumpf" in der Trockenzeit und ein richtiger

Sumpf nach Regenfällen oder während der Regenzeit. In beiden Fällen waten Sie knöcheltief durch Staub, einmal trocken (beachten sie die Windrichtung), einmal naß. Die Wanderung vom *road head* bis zum **Shira Camp** (⇑ 60 m) dauert ca. 2 Std. und führt durch niedriges Heide- und offenes Grasland.

So uninteressant sich die Fahrt durch die Pinienplantage gestaltet, so schön ist hier die Heide- und Moorlandzone (Shira-Plateau). Die Erikazeen-Stangen beeindrucken hier zwar nicht besonders, dafür imponiert aber um so mehr die große Anzahl von *Senecio kilimanjari* und *Lobelia deckenii* entlang der wenigen wasserführenden Bäche.

Am beeindruckendsten ist aber - neben der großen, weiten Fläche des Plateaus selbst - der Ausblick auf die außergewöhnlichen Berg- und Talformationen. Das **Rift Valley** lockt mit seinen vielen Bergen - imponierend im Westen der **Mt. Meru**, im Nordwesten der **Longido**. Charakteristika des Plateaus sind weiterhin der ca. 200 m hohe grüne **Shira Cone**, der ca. 400 m hohe **Shira-Hauptkamm**, die **Cathedral** (ein riesiger Pfeiler, umgeben von mehreren kleineren) und die **Needle** - Erhebungen, denen ihre Namen nicht umsonst verliehen worden sind. Die genannten Formen sind während der letzten halben Stunde Fahrzeit und während der kurzen Wanderung bis zum Shira Camp Ihre stummen Begleiter.

Aufgrund des rasanten "Anstieges" (über 3.000 m von Moshi) sollten Sie nun zumindest einen Tag pausieren, um Ihrem Körper Zeit für die nötige **Adaption** zu geben. Dieser Zeitraum kann für **Kurzausflüge** zum Fuße des Shira-Hauptkamms genutzt werden. Unternehmen Sie diese Ausflüge aber unter keinen Umständen alleine, ohne Führer. Die Wege sind nicht markiert und schlecht bis gar nicht erkennbar, zusätzlich kann hier innerhalb von Sekunden Nebel einfallen - ein Ortsunkundiger verirrt sich hier mit Sicherheit.

Das Shira-Plateau ist eine heimtückische Gegend, es existieren schwierig zu begehende und teilweise unpassierbare Regionen. Falls Sie alle wundersamen Steinformationen aus der Nähe betrachten wollen, rechnen Sie dafür ungefähr 7 Std. ein.

Das **Shira Camp** ist eines der phantastischsten Camps am Mt. Kilimanjaro. Der Anblick der Shira-Reste im wechselnden Licht der ziehenden Sonne bleibt unvergeßlich. Bevor Sie sich zur Ruhe begeben, überprüfen Sie die Befestigung Ihres Zeltes, es fegen Stürme mit bis zu 90 km/h über das Plateau.

Zum Weiterwandern bieten sich nun mehrere Möglichkeiten an, doch zuerst wollen wir uns kurz der **geplanten Zukunft dieses Trails** zuwenden:

Die existierende Straße soll erneuert (Allwetter-Piste) und verkürzt werden (*road head* bei 3.353 m, ca. 9 km vom jetzigen Gate, hier erreicht man das Plateau), ein kleiner **Parkplatz** für 25 Fahrzeuge, Picknickplätze, 2 Toilettenanlagen, Schautafeln u.ä., die die biologischen und topographischen Phänomene des Shira-Plateaus erklären, sollen neu errichtet werden.

Diese Pläne sollen die Einrichtung einer **Day-Use-Zone** (☞ Die Trails - Einführung) sowie der **Low-Use-Hiking-Zone (Non-Summit Bound)** unterstützen. Ein 18 km langer Rundkurs soll im Einbahnsystem über das Plateau führen, zwei Camps mit Toilettenanlagen werden errichtet. Übernachtung in Zelten ist erlaubt. Führer (und Träger) sind nicht anzustellen.

Ca. 5 km südlich dieser Straße wird ein neuer, parallel verlaufender Trail für Wanderer angelegt, die sich in das große Mt.-Kilimanjaro-Wegenetz begeben wollen. Drei neue Camps werden errichtet: Das **Shira Forest Camp** auf der 2.700-m-Linie, kurz nachdem die Pinienplantage gequert wurde, **New Shira Camp I** ca. 5 km südlich des neuen Parkplatzes und **New Shira Camp II** ca. 8 km weiter, beide bereits am Plateau in ca. 3.800 m Höhe. Das alte, derzeit einzige wirklich existente Shira Camp soll aufgelöst werden.

Der Weg geht weiter wie unten beschrieben über **Barranco** oder **Arrow Glacier Camp** Richtung **Uhuru Peak**. Die daraus resultierende Konsequenz: Machame Trail, der z.Z. beim heutigen Shira Camp mündet, wäre bei Auflösung dieses Camps eine Sackgasse. Deshalb sollen die letzten 2 km des Machame Trails neu angelegt werden und in den Southern Summit Bound münden. An dieser Stelle wird ein neues Camp (**Machame II**) errichtet, von dem aus man nur in Richtung Barranco Camp weiterwandern dürfen wird. Die Schönheiten des Shira-Plateaus bleiben den Wanderern des Machame Trails somit verborgen.

Wann es wirklich soweit sein wird, wissen die Götter (es wird noch lange dauern). Wir halten Sie auf dem laufenden und wenden uns wieder der Gegenwart zu.

❷ Ruhetag

Es bieten sich nun **mehrere Möglichkeiten** an:

▶   Barranco Camp - Karanga Camp - Barafu Camp - Uhuru Peak (4 bis 5 Tage, ☞ Machame Trail).

▶   Barranco Camp - Karanga Camp - Kreuzung Southern Summit Bound/Mweka Trail - Mweka Camp - Mweka Village (3 Tage, ☞ Mweka Trail und Machame Trail).

▶   Lava Tower Camp - Arrow Glacier Camp - Western Breach Camp - Uhuru Peak (evtl. Kraterumrundung) - Abstieg über Mweka oder Marangu Trail.

Da der Anstieg nicht besonders ermüdet hat, wende ich mich sofort dem **anstrengendsten Trail** des Mt. Kilimanjaro zu.

❸ Shira Camp - Arrow Glacier Camp

➲   8,5 km von Shira Camp (3.800 m) bis Arrow Glacier Camp (4.800 m)
⏳   6 Stunden.

Der Weg führt mit vergleichsweise gemütlicher Steigung durch niedriges, grau-
grünblaues Gestrüpp mit weißen "Papierblüten", **Lobelien** sind immer wieder zu
sehen, vereinzelt auch *Senecio cottonii*. Die **Vielfalt an blühenden Pflanzen** ist
erstaunlich. Nicht nur an den Stellen, wo kleine grasbewachsene Moore gequert
werden müssen, sondern überall ist es naß. Die kräftige Morgensonne taut jeden
Tropfen - wasserdichte Gamaschen oder Überhosen sind von unschätzbarem Vorteil, denn weiter oben gefriert die durchnäßte ungeschützte Hose wieder.

Im Blick zurück dominieren noch lange Mt. Meru und Shira die Landschaft.
Der Weg führt langsam bergauf und verliert sich nach ca. einer Stunde im felsigen
und sandigen Gelände der ewigen **Steinwüste** (📷 nächste Seite). Dunkles Grau
und Schwarz sind nun die vorherrschenden Farben. Nach ca. 1½ Std. Bummelei
erreicht man die schwer erkennbare **Abzweigung zum Northern Summit Bound**
("Moir Hut" ist links in roter verblichener Schrift an einen großen Felsblock
geschrieben). Sie interessiert uns nicht, da der ☞ Northern Summit Bound
geschlossen wird, "Moir Hut/Camp" ist bereits aufgelöst worden.
Auf den meisten Karten ist der Weg von dieser Kreuzung an als eben oder gar
bergab führend eingezeichnet. Dem ist leider nicht so - er führt gleichmäßig
ansteigend aufwärts.

Nachdem eine etwas höhere Schulter erstiegen ist, breitet sich ein kleines
ebenes Plätzchen aus. Hier wird üblicherweise Mittagsrast gehalten. Es ist nicht
nur ein schöner Flecken - hinter den Wolken verbirgt sich der braunrot überzo-
gene **Lava Tower**, etwas weiter rechts entspringt ein **Wasserfall** dem schwarzen
Nichts, über allem thront der **Kibo** mit seinen Gletschern - ungefähr die halbe
Strecke ist geschafft (auch in Richtung Barranco Camp). Harren Sie hier aus, und
halten Sie Ihre Kamera schußbereit, die Nebel können sich für einige Sekunden
heben - ob es eine zweite Möglichkeit geben wird, ist fraglich. Der schöne Wasserfall ist nach ca. 5 Min. Bergabgehen auch besser zu sehen. Machen Sie aber
lieber zwei Fotos, bevor Sie ihn nie mehr wieder zu Gesicht bekommen.

Bis hierher, d.h. die gesamte Westflanke, wird der Mt. Kilimanjaro von Ansäs-
sigen als "Shira" bezeichnet. Ab nun wird die Gegend **Barranco** ("kalt") genannt.
Der Unterschied liegt vor allem in der Wasserversorgung: Hat man auf dem
Shira-Plateau praktisch nie einen Fluß oder Bach gesehen, stolpert man nun von

Steinwüste kurz nach Shira Camp (S. 108)

einem in den anderen; während der Trockenzeit sind in diesen hohen Regionen die meisten Gewässer jedoch ausgetrocknet.

Es geht nun ungefähr eine Viertelstunde bergab, über einen ganzjährig wasserführenden Bach (Trinkwasser) und auf der anderen Seite wieder brav hinauf. Dies wiederholt sich einmal, und wir gelangen nach ca. 4 Std. Gesamtwanderung zum **Ende des Shira Trails**. Der linke Ast führt zum Arrow Glacier Camp, der rechte ist der Anfang des Southern Summit Bounds.

Wir marschieren weiter durch unwegsame Steinwüste über **Lava Tower** zum **Arrow Glacier Camp**. Der Weg wird nun steiler, anstrengender und nasser - Nebel wird Sie meist begleiten, Regen ist keine Ausnahme, hin und wieder schneit es. In jedem Fall ist **Vorsicht** geboten - man rutscht nur zu leicht aus. Das **Lava Tower Camp** ist nach ca. 1 km erreicht, **Arrow Glacier Camp** ist noch ca. 2 km entfernt. Die Kälte ist mittlerweile beißend geworden, und wenn Stürme losbrechen und aufsteigender Nebel dazukommt, wird es unerträglich - nur ein Aufenthalt im geschlossenem Zelt verspricht Erlösung. Im Gegensatz zu den Angaben einiger Landkarten ist Oberflächenwasser hier nicht mehr vorhanden.

Die Lage des Camps hat trotz bekannter natürlich-physikalischer Attribute wie Kälte, Sturm, Regen, Schnee, Nebel etwas Überirdisches, das einen ohne Chance auf Gegenwehr wieder aus dem Zelt/Schlafsack treibt. Auf der einen Seite die atemberaubenden ("da hinauf?"), fast senkrechten Wände des **Western Breach**, auf der anderen Seite die endlose Weite des **Shira-Plateaus** oder schaut über die bewaldeten Südhänge in Richtung Moshi, der kleine **Breach-Gletscher** ist zum Greifen nah, der **Penck-Gletscher** etwas weiter entfernt. Reißen Sie sich los, und genießen Sie das Dinner, der 4. Tag wird anstrengend.

❹ Arrow Glacier Camp - Uhuru Peak

➲   3 km vom Arrow Glacier Camp (4.800 m) bis Uhuru Peak (5.895 m)

⧖   4 bis 6 Std. (nur Aufstieg)

✋   Wer nicht schwindelfrei, Kälte gegenüber nicht widerstandsfähig und nicht sehr gut trainiert ist und nicht über eine sehr gute Ausrüstung (Schuhe!) verfügt, sollte auf den Anstieg über Western Breach Wall verzichten! Während der Regenzeit ist dieser Trail unpassierbar. Während der Trockenzeit kann es immer wieder zu Temperaturstürzen mit Hagel, Regen oder Schnee kommen. Wagen Sie **unter keinen Umständen** bei bestehendem Schlechtwetter die Überquerung, sie ist bei besten Witterungsbedingungen schon gefährlich genug!

✋   Das Vergessen des Biwaksacks kann Ihr Leben gefährden!

Arrow Glacier Camp ist vom Kraterrand knapp 2 km Luftlinie entfernt, der Höhenunterschied beträgt ca. 900 m - das bedeutet einen Steigungsgrad von durchschnittlich ca. 50%, viele Stellen sind wesentlich steiler. Der Schwierigkeitsgrad des Western Breach Wall beträgt 1+, das heißt grob gesagt, daß manche Stellen nicht für jedermann ohne Zuhilfenahme der Hände passierbar sind (Seile, Pickel o.ä. sind nicht notwendig, Teleskopstöcke können von Vorteil sein). Man benötigt für die Überwindung ca. 4 bis 6 Std. - die Gefahr eines Absturzes ist allgegenwärtig!

Beginnen Sie dieses Unternehmen so früh am Morgen wie möglich - wenn alles noch gefroren ist, rutscht man im Sand und im spärlich vorhandenen nassen Erdreich nicht aus. Der Nachteil liegt allerdings darin, daß große Felsbrocken, Felsbarrieren, die es zu überwinden gilt, noch mit einer dünnen Eisschicht überzogen sind und somit **Rutschgefahr** besteht. Der frühe Aufbruch findet seine Begründung auch darin, daß dieser Tag sehr lang werden kann.

Da dieser Anstieg den ganzen Vormittag im Schatten liegt, werden Sie unter der **Kälte** zu leiden haben, die noch verstärkt wird durch die Feuchtigkeit aufsteigender **Nebelschwaden**. Lassen Sie daher Ihren Führer nie aus den Augen, falls er sich zu schnell vorwärts bewegt, rufen Sie ihn zurück, lassen Sie sich nicht hetzen! Die Trailmarkierungen sind schlecht bis gar nicht vorhanden; wenn Sie sich versteigen, können Sie unter Umständen in gefährliche Situationen kommen.

Trotz alledem - bei genügender Voraussicht und Vorsicht ist der Western Breach Wall für Wanderer überwindbar (bei Schönwetterbedingungen). Nach dieser Mühsal hat man den **Kraterrand** erreicht! **Uhuru Peak** liegt ca. 2 Std. entfernt zur Rechten und ca. 200 m höher. Jetzt sind "nur" noch der kleine **Furtwängler-Gletscher** zu umrunden und die letzten Höhenmeter zum Ziel zu nehmen - die Freiheit über den Wolken ist manchmal schwer zu erreichen (📷 S. 145).

Der Abstieg erfolgt am selben Tag nun entweder über
▶ Stella Point - Barafu Camp - Mweka Camp (14 km, ca. 6 Std., ☞ Mweka Trail) oder über
▶ Gilman's Point - Kibo-Hütte - Horombo-Hütte (17 km, 6 bis 7 Stunden, ☞ Marangu Trail). In beiden Fällen müssen Sie **einen weiteren Tag** für die letzte Etappe einplanen:
▶ Horombo-Hütte - Mandara-Hütte - Marangu-HQ oder
▶ Mweka Camp - Mweka Village.

Am **Kratergrund** lädt das **Western Breach Camp** gut adaptierte Menschen zur Übernachtung ein. Man kann den Nachmittag zu einer Umrundung des Krater-

Schilder am Machame Gate

randes nutzen oder durch den Krater selbst spazieren (falls noch genügend Kraft-reserven vorhanden sind).

Die riesigen geschichteten **nördlichen Eisfelder** (bis zu 30 m hoch), **Schwefel-dampfquellen**, sowie die **abgestuften Eisfelder** im Osten sind einmalig und wirk-lich einen Besuch wert. Auch diese Wanderung darf nur mit Führer unternommen werden.

Wenn Sie diese Möglichkeit nutzen wollen, müssen Ihre Ausrüstung (Zelt, Schlafsack usw.) sowie Wasser, Nahrung und Brennstoff für Sie und Führer wie auch Träger den Gipfelsturm mitmachen. Das wird teuer - rechnen Sie für diesen Extratag mit knapp der doppelten finanziellen Belastung (ca. US$ 200), und beginnen Sie lange vor geplantem Beginn mit der Suche nach einem geeigneten Tour Operator.

Diese Tour wird nur **sehr selten** unternommen, üblicherweise wird vom Shira Camp der Anstieg über das Barafu Camp gewählt. Sprechen Sie, bevor Sie dieses Wagnis antreten, persönlich mit Ihrem Führer (am besten mit mehreren) um sicherzugehen, daß er die Strecke wirklich kennt (Kontrolle seiner Lizenz!). Die Chancen auf einen kundigen Führer sind nicht sehr groß. Am schnellsten werden Sie bei den Hotels der Kat. A (Marangu, Arusha, Moshi) sowie bei den teureren tour operators fündig. Abschließend wage ich zu behaupten, daß junge Guides diese Tour noch nicht gegangen sind.

Machame Trail

🥾 Machame Village - Machame Camp - Barranco Camp - Karanga Camp - Barafu Camp - Uhuru Peak via Stella Point

➲ ca. 48 km

⧗ 6 bzw. 7 Tage

❶ Machame Village - Machame Camp

➲ 9 km vom Machame Village (= NP Gate, 1.800 m) bis zum Machame Camp (3.000 m)

⧗ 5 bis 7 Stunden.

Dieser Trail beginnt mit einer stillgelegten, jetzt ca. 2 m breiten blumengesäumten **Forststraße**, die aufgrund der geringen Besucherfrequenz nicht die enorme Breite der Straße des Marangu Trails aufweist.

Von den jährlich tausend Kilimanjaro-Wanderern, die nicht den Marangu Trail gehen, benutzen die meisten den Machame Trail für den Aufstieg. Oft werden Ihnen Holzsammler und Grasschneider entgegenkommen.

Blick in das Karanga Valley (S. 121)

Die Steigung ist gemütlich. Nach einer Stunde endet die Straße und ein **Holzschild** weist auf den Anfang des eigentlichen Trails hin. Die Wegbreite schrumpft auf ca. einen halben Meter, diese Breite soll in Zukunft auch beibehalten werden. Der Wald wird schlagartig finsterer, die ersten **Riesenfarne** erscheinen, blühende Pflanzen sind bis auf hartnäckige Reste (im Januar/Februar blüht hier *Impatiens kilimanjari*) verschwunden.

Die erste Hälfte des Weges bietet abwechselnd moderate Anstiege und relativ ebene Strecken durch dunklen hohen Wald, nur selten gestatten kleine Lichtungen einen Blick auf die Sonne.

Der Trail führt über einen **Kamm**, der aufgrund der dichten Bewaldung nicht sofort und immer als solcher erkennbar ist. Je höher man steigt, desto stiller und dunkler wird es. Die dunkelgrünen triefenden **Moospolster** an Bäumen und Ästen nehmen unglaubliche Dimensionen an, im hellen **Flechtenvorhang** glitzern Wassertropfen. Die Steigung ist erträglich.

Nach der obligatorischen Lunchrast auf ungefähr halber Strecke allerdings wird es anstrengend - die folgenden 2 Std. fordern die ganze Kraft und Aufmerksamkeit des Wanderers. Der Steigungsgrad verdoppelt sich annähernd, weit über die 20% hinaus. Daher treten nun öfter Stellen mit **Erosionsschäden** auf und bilden Hohlwege von bis zu fast 1 m Tiefe.

Versuchen Sie trotzdem, Ihren **Gehrhythmus** beizubehalten (☞ Die Trails - Einführung: Geh- und Höhentaktik). Umgestürzte Bäume sind zu überklettern, wasserführende Bäche zu überspringen, riesige freigelegte Wurzeln versperren den Weg, alles ist feucht und rutschig. Tiefhängende Äste peitschen ins Gesicht. Gegen Mittag dürfen Sie den ersten **Regenschauer** erwarten - auch in der kleinen Trockenzeit von Dezember bis Februar. Während der großen Trockenzeit stehen die Chancen, naß zu werden, 50:50.

Haben Sie Ihre Regenschutzbekleidung immer griffbereit - diese Regengüsse kommen ohne Vorankündigung: Man hört die ersten Tropfen leise auf das Blätterdach klopfen, und innerhalb von 2 bis 3 Min. stürzen unglaubliche Wassermassen auf den Wanderer. Auch wenn sie nur kurz sind (eine halbe bis eine Std. während der Trockenzeiten) - es sind fürchterliche Schauer! Vorsicht, Ausrutschgefahr!

Wenn die Bäume niedriger werden (es wird nun auch etwas heller), nähern Sie sich dem Ende dieses Teilstücks, das den **Übergang zur Heide- und Moorzone** ankündigt, der Weg wird wieder etwas ebener. Bis zum Machame Camp sind es nun noch ca. 2 Std. zu gehen. Der Wald wird lichter, man kann bereits den **Kibo** zwischen den Bäumen schimmern sehen (meist versteckt er sich jedoch noch hinter Wolken), die Moospolster verschwinden, **Bart- und Krustenflechten** an den Bäumen bestimmen die Färbung der Gegend - der Gespensterwald wandelt sich in ein sonnendurchflutetes Feenschloß.

Die Lage des großen **Machame Camps** ist phantastisch - es liegt inmitten von hohen, flechten- und moosbewachsenen **Erikazeen-Stangen** und den letzten, verkrüppelten, noch immer bemoosten Vertretern der Regenwaldzone, exakt an der Grenze von Regenwald- und Heide-/Moorlandzone.

Von hier hat man morgens und abends schöne Ausblicke auf den **Kibo** (im August und September zeigt er sich länger, manches Mal den ganzen Tag über), auf den schemenhaften **Shira Cone**, schöne Ausblicke bieten sich aber auch auf die mit Erika bewachsenen **Hänge der Westflanke** des Berges und den **Mt. Meru**.

Der Anfang der morgigen Wegstrecke zeichnet sich als schmales helles Band inmitten dieser hellgrün-graublaugrün wabernden Masse deutlich ab. Schade nur, daß es so kalt ist (Nachtfrost!).

❷ Machame Camp - Shira Camp

➲   10 km vom Machame Camp (3.000 m) bis zum Shira Camp (3.800 m)

⧗   5 bis 7 Stunden.

Nach dem Frühstück geht es mit behaglicher Steigung (bei einer Bachüberquerung sogar einmal bergab) noch eine Weile weiter durch hohe Erikazeen-Stangen, Flechten und Moose. Bald befindet man sich allerdings auf dem Weg, der am Vortag noch so traulich im Licht der untergehenden Sonne glänzte, **Fels** tritt hin und wieder zutage, und man erkennt deutlich, daß man sich auf einem **sehr steilen Kamm** bewegt.

Die Wuchshöhe der Erikazeen-Stangen verringert sich stark. Weit vor sich sieht man die Schulter, die das **Shira-Plateau** - das heutige Ziel - trägt. Vorher gilt es aber, noch einige Taleinschnitte zu durchqueren und weiter bergauf zu steigen. Nach ungefähr einer Stunde Wanderung kann man eigentlich nicht mehr von "Weg" sprechen, es ist mehr ein Steig, einen halben Meter breit, sehr steil, sehr felsig, im oberen Abschnitt sind sogar einige Stellen zu klettern (max. 5 m Höhenunterschied, gefahrlos).

✋   Die noch immer rechts und links des Weges stehenden **Erikazeen-Stangen dabei als Stützen** zu verwenden, ist **gefährlich**, denn unter dem starken Flechtenbewuchs ist der Unterschied zwischen lebenden und bereits abgestorbenen Bäumen nicht zu erkennen. Außerdem sind auch die lebendigen Pflanzen so schwach im spärlichen Grund verankert, daß man mit dem Bäumchen umfallen kann.

Die ersten großen **Senecien** (*Senecio johnstonii*) tauchen nach etwa 2 Std. Wanderung vereinzelt links, auf der wasserreichen Seite des Kammes, auf. Kurz bevor diese "Gespensterbäume" zum ersten Mal erscheinen, sieht man zurückblickend das helle Band des Weges, den man tags zuvor zurückgelegt hat (der Führer wird Sie darauf hinweisen). Bald danach wird auch der Erikazeen-Wald lichter, der Steig wird, man glaubt es kaum, noch schwieriger, noch steiler, man steigt fast nur mehr durch nackten Fels. Spätestens jetzt ist auch in der kleinen Trockenzeit wieder mit Nebel (und Regen) zu rechnen.

Etwa eine Stunde nach Auftauchen der Senecien muß eine **nackte Felswand** von ungefähr 20 m Höhe überwunden werden. Gehen Sie danach nicht zu übermütig weiter, der Steig schlängelt sich nun an einem 30 bis 40 m tiefen Abgrund zur Linken entlang. Nur noch kniehohes Gestrüpp säumt hin und wieder den Weg, steile Stellen sind kahl, erodiert, ausgetreten und in weiterer Folge ausgewaschen. Als Belohnung für die Qual dieses Aufstiegs sieht man nun die ersten wirklich **großen Bestände von Senecien** im Nebel.

Die Hälfte des heutigen Trails ist geschafft, und es wird kalt. Weiter geht es durch Gestrüpp von Strohblumen und niedrigwachsenden Senecien, über nackten Fels bei Nässe und Kälte - ununterbrochen steigend, manchmal fast kletternd. Alles ist feucht und rutschig - Vorsicht! **Schwarzer Sand** und **schwarze Felsen** bis zu Einfamilienhaus-Größe, über die man drüber, drunter, vorbei, rundherum muß, bestimmen den Charakter der Landschaft, farbige Krustenflechten verleihen ihr etwas Kafkaeskes.

Nach ungefähr 5 bis 6 Std. ist der **Rand des Shira-Plateaus** erreicht, der quälende Aufstieg durch diese unheimliche schwarze, absolut stille Landschaft hat ein Ende. Man kann jetzt auch wieder von einem Weg sprechen, der sich die letzte halbe Stunde vergleichsweise eben durch etwas höhere Vegetation - **Lobelien** tauchen auf - über die südlichen Ausläufer des Plateaus in Richtung **Shira Camp** hinzieht. Auf allen erhältlichen Landkarten ist der zweite Abschnitt des Trails anhand der Höhenlinien nicht als so steil zu erkennen, lassen Sie sich dadurch nicht beirren.

✋   Über die Risiken dieses Trails wurde bis jetzt noch nichts geschrieben. Mehrere ausgesetzte Stellen in der zweiten Hälfte des Trails zwingen zu größter Aufmerksamkeit - wer 50 m tief in nackten Fels stürzt, überlebt es meist nicht! Vor allem bei Regen ist größte Vorsicht geboten.

Beschreibung des Shira Camps ☞ Shira Trail, 1. Tag.

Barranco Camp (S. 118)

❸ Shira Camp - Barranco Camp

⮕   10 km vom Shira Camp (3.800 m) bis zum Barranco Camp (3.900 m)
⌛   6 Std.

Vom Shira Camp kommend, kann man Uhuru Peak auch via Arrow Glacier Camp ersteigen. Der erste Teilabschnitt des 3. Tages bis zum Ende des Shira Trails bzw. Beginn des Southern Summit Bounds zählt noch zum Shira Trail, ☞ Shira Trail, 3. Tag.

Wir wählen bei der beschriebenen Kreuzung den rechten Weg, den **Southern Summit Bound**, und gelangen in eine weite **schwarze Sandwüste**, die mit Millionen schwarzer Steinbrocken übersät ist. Ab nun läuft der Trail auch wieder mit einigen Landkarten konform und führt ca. 1 Std. bergab. Bald ist wieder die **Übergangszone von Heide/ Moorland zur Steinwüstenzone** erreicht. Es dominieren Strohblumen, Grasbüschel, Blüten. Senecien sind in großer Anzahl in weiter Ferne zu sehen - sobald es der Nebel zuläßt.

Der Weg, eigentlich ist es wieder ein Steig, führt weiter bergab. Trotz **vermehrter Vegetation**, von der in erster Linie **riesige Ansammlungen von Senecien** zu nennen sind, verliert sich der **wüstenhafte Charakter** nicht. Es ist die größte Ansammlung dieser merkwürdigen Pflanze, die man bisher zu Gesicht bekommen hat.

Insgesamt geht man ca. 2 Std. durch dieses Gelände entlang einer mächtigen, senkrecht in die Höhe ragenden **Wand** in den Farben Schwarz, Rot, Braun und Weiß, bis man Barranco Camp erreicht hat. Es ist wichtig, daß Sie auch bei Gefälle Ihren Atemrhythmus beibehalten (☞ Die Trails - Einführung: Geh- und Höhentaktik) und bergab nicht ins Laufen kommen. Achten Sie auch darauf, wohin sie Ihren Fuß setzen - alles ist naß und rutschig!

Das **Barranco Camp** ist ein schönes großes Camp am Grund des Barranco Valley am Fuße des Kibo. Um zwei Blechhütten herum, die entfernt werden sollen, befinden sich einige **Höhlen**. Dort wurde gerodet und so Platz für jeweils ein bis zwei Zelte geschaffen. Zwischen den einzelnen Plätzen liegen große Wegstrecken (📷 S. 117).

Wenn man sich nicht mehr vorwärtsbewegt, spürt man die **eisige Kälte**, die von oben herabsinkt. Direkt vor dem Wanderer streckt sich der mächtige **Barranco** ca. 300 m gen Himmel und endet am Kibo. Im Licht der untergehenden Sonne glänzt und schimmert er in allen Farbschattierungen von mattem Gelb bis kräftigem Rot. Auf der gegenüberliegenden Seite erhebt sich **"Breakfast"** (Träger-jargon), eine nicht ganz so hohe Mauer. Fast senkrecht erscheint sie im Dunkel.

Über allem aber thront der **Kibo** mit seinen Gletschern (links ein kleiner Rest des **Penck-Gletschers**, weiter **Heim- und Kersten-Gletscher**). Um 4:00 trübt kein Wölkchen, kein Nebelhauch die klare Luft. Die Lichter des staubigen, heißen und stickigen **Moshi** glitzern von unten herauf, 3.400 m tiefer gelegen und ungefähr 60 km entfernt - ein romantischer Anblick.

❹ Barranco Camp - Karanga Camp

➲ 6 km vom Barranco Camp (3.900 m) bis zum Karanga Camp (4.250 m)

⧗ 4 bis 5 Stunden.

▶ Üblicherweise wird die Machame-Route als 6-Tage-Route angeboten. Das bedeutet, daß man vom Barranco Camp bis zum Barafu Camp durchmarschiert (mind. 10 Stunden). Um Mitternacht wird vom Barafu Camp aus der Gipfelsturm angetreten und nach der Besteigung bis zum Mweka Camp abwärts marschiert (ca. 15 Std., bei schlechter Witterung können es auch 20 werden). Das bedeutet ca. mind. 20 Std. anstrengendster Wanderung in zwei Tagen mit einer Pause von vielleicht 5 bis 6 Stunden. Wer kein sehr gut trainierter Bergwanderer ist, sollte daher unbedingt zwischen Barranco und Barafu Camp am Karanga Camp nächtigen. Diese Vorgehensweise wirkt auch der Höhenkrankheit etwas entgegen.

▶ Alternative: Wenn sie nicht beabsichtigen, den Gipfel zu erklimmen, sondern sofort über den **Mweka Trail** absteigen wollen, können Sie bis zum Mweka Camp durchmarschieren (Gesamtstreckenlänge ca. 12 km, 6 bis 7 Std.).

Brechen Sie so früh wie möglich auf, und bewegen Sie sich, immer dem Führer folgend, in Richtung **"Breakfast"**. Einige Minuten, nachdem Sie einen großen Felsüberhang (Ersatzcamp) passiert haben, ist der Einstieg zum "Breakfast" erreicht. Die Ersteigung desselben ist kein Honiglecken. Es trifft auf diese Wand dasselbe zu wie auf die Western Breach Wall (☞ Shira Trail), in bezug auf Steigung, Schwierigkeitsgrad und Gefährlichkeit ist sie dieser ebenbürtig. "Breakfast" ist allerdings nicht so hoch, nach 1 bis 1½ Std. ist es geschafft.

Oben angekommen, blickt man von einem **winzigen Plateau** dem **Kibo** ins Angesicht (noch sind die Nebel weiter unten), schaut man nach rechts, sieht man den weiteren Weg in der Sonne glänzen. Es geht nun wieder eine Weile auf einem steilen Erdweg bergab, zwischen Mooren, Grasbüscheln und Papierblumen hindurch. Eine knappe halbe Stunde nach "Breakfast" ist wieder ein **Bächlein** zu überqueren (ganzjährig wasserführend, Trinkwasser!).

Der weitere Weg ist schnell beschrieben: bergauf, bergab, Bächlein (oft ausgetrocknet) überqueren, bergauf, bergab, Bächlein überqueren usw. Schotter, Sand, gelbe Grasbüschel, Papierblumen, Kilimanjaro-Edelweiß in kleinen Gruppen, Steinbrocken von Kindskopfgröße, das geht ca. 3 Std. so weiter.

Den Kibo immer zur Linken, beträgt die Sichtweite allerdings nur zwischen 10 und 200 m. Der Nebel hat uns längst eingeholt, es ist kalt und feucht. Wenn Sturm (es gibt hier keine Winde mehr) aufkommt, wird es unerträglich. Während

Kibo vom Barranco Camp (S. 118)

Wetterscheide kurz vor Barafu Camp (S. 122)

der Trockenzeit regnet es oft, während der Regenzeit schneit es oft; Hagel kann immer auf den Wanderer niederprasseln. Diese Wanderung ist nicht übermäßig anstrengend oder abwechslungsreich, aber nachdem, was man an exzeptionellen Naturphänomenen und Anstrengungen hinter sich hat, erholsam für Geist und Muskeln.

Plötzlich blickt man in ein riesiges Tal - das **Karanga Valley**. (📷 S. 113) Der Abstieg ist sehr steil, dementsprechend schnell ist man am ganzjährig wasserführenden **Karanga River** (ein Bächlein) angekommen. Dieser Platz wird gewöhnlich als **Raststelle** zwischen Barranco und Barafu Camp benutzt.

Der Weg zum Barafu Camp ist lang, kalt und anstrengend. Für den Gipfelsturm sollten Sie noch heute gegen 23:00 aufstehen und sofort losmarschieren - es wird wieder kalt, weit, lang und sehr anstrengend werden. Ich rate jedem, der den Gipfelsturm via Barafu Camp vorhat, hier zu übernachten.

Das **Karanga Camp** (📷 S. 125) liegt vis-à-vis der soeben hinabgestiegenen Talschulter und ca. 200 m höher als die Talsohle. Der Anmarsch zur Toilettenanlage an der Talsohle dauert ungefähr eine halbe Std. Träger wie Führer schlafen wie gewohnt im Freien - hier oben gibt es wenigstens einen Felsüberhang, der sie vor dem Regen schützt. Die **Südflanke des Kibo** ist immer zu sehen, durch das Tal blickt man in die Ebene. Dieses Camp hat, was seine Lage und Kleinheit betrifft, etwas Archaisches an sich.

❺ Karanga Camp - Barafu Camp

➲   7 km vom Karanga Camp (4.250 m) bis zum Barafu Camp (4.600 m)

⧗   6 Std.

Es geht sofort steil bergauf, die Vegetation wird immer spärlicher. Am oberen Ende der Talschulter befindet man sich wieder auf schwarzem Grund, vereinzelte kleine Grasbüschel und kleine Flecken von Papierblumen zaubern kleine Farbtupfer darauf. Wasser gibt es hier nicht mehr. Trotzdem verläuft der Weg wie vorher geschildert: bergauf, bergab, Bachbett überqueren (in der Trockenzeit immer wasserlos), bergauf, bergab usw. Für dieses graue Einerlei wird man durch grandiose Ausblicke in die **Ebene um Moshi**, auf die **Pare-Berge**, den **Mt. Meru** und den **Kibo** großzügig entschädigt. Ein umwerfendes Panorama!

Nach ca. 1½ bis 2 Std. ist eine **Raststelle** und **wichtige Kreuzung** erreicht, man blickt in ein **breites Tal**. Egal, ob Sie nun zum Mweka Camp oder zum Barafu Camp wollen, zuerst müssen Sie in das Ihnen zu Füßen liegende breite Tal absteigen und auf der gegenüberliegenden Seite wieder steil hinauf, dann geht es - hinunter oder hinauf - immer den Grat entlang. Das helle Band am Grunde des Tales ist leider kein Weg, sondern ein ausgetrocknetes Bachbett.

Wir gehen **links hinauf** und sehen nach ca. 20 Min. weit im Osten zum ersten Mal den **Mawenzi**. Der Weg behält seine moderate Steigung bei, der Untergrund bleibt fest und hart. Lästig sind in dieser grauen Steinwüste lediglich der ewige Sturm und die Kälte.

Nach kurzer Zeit erblickt man ein phänomenales Naturschauspiel: Links oberhalb vor Ihnen befindet sich ein mächtiger **Abbruch**, eine scharfe Kante riesigen Ausmaßes, die **West-Ost-Wetterscheide** (📷 S. 121). Man kann genau verfolgen, wie vom Westen riesige Wolkentürme herangetrieben werden, an diese Kante stoßen und - umdrehen. Lediglich einige kleine Schäfchenwolken, die sich bald im strahlend blauen Himmel auflösen, schaffen den Übergang. Bald darauf ändert die Umgebung ihren Charakter, es sind nicht mehr grobe Steinbrocken, sondern **flache Platten,** die den Weg säumen (viele davon tragen gravierte Inschriften - muß das sein?).

Nach einer weiteren halben Stunde versperrt ein schräg-querlaufender **Lavarücken** dem Wanderer den Weg. Man kann ihn auf gerader Linie überqueren (steiler, schottriger und anstrengender schneller Weg) oder auf der linken Seite umrunden (ca. 2/3 des Weges moderate Steigung wie bisher, das letzte Drittel steil, ein Umweg von vielleicht 0,5 km. Sollte es wider Erwarten doch regnen, dann unbedingt diesen Weg wählen). Nach einer weiteren halben Stunde ist das **Barafu Camp** erreicht. **Steinwüste** pur! Einer Krone gleich glänzt der **Mawenzi** im

Licht des Sonnenunterganges vom Osten herüber. Der Sturm zerrt an den Zelten, die Toilettenanlagen stehen über einem unheimlichen **Abgrund**, weit und breit ist nichts Lebendiges zu sehen - Steine, soweit das Auge reicht. Der Anblick des Kibo ist jedoch nicht besonders aufregend. Gehen Sie früh zu Bett, zwischen 23:00 und 24:00 beginnt der Gipfelsturm.

❻ Barafu Camp - Uhuru Peak

➲ 6 km vom Barafu Camp (4.600 m) bis Uhuru Peak (5.895 m)
⧗ 6 bis 7 Std.

🖐 Aufbruch ist gegen Mitternacht in die Finsternis hinein. Nehmen Sie unbedingt Reservebatterien für die Lampen mit! Beachten Sie außerdem, daß die modernen Mini-Lite-Lampen viel zu wenig Licht geben!

Wie am Nachmittag führt der Weg über eine unendlich erscheinende **Geröllhalde**, Schotter und Sand als Untergrund sind jetzt knallhart gefroren, auf dem Rückweg staubig und lose. Dieser Aufstieg ist wesentlich steiler und anstrengender als der von der Kibo-Hütte, da er in ziemlich gerader Linie und nicht in Serpentinen aufwärts führt. Man kann davon ausgehen, daß ca. 90% des Anstiegs bis zum Kraterrand sehr steil auf hartem Untergrund zu gehen sind, der Rest führt noch steiler durch Felsgewirr und ist wieder härteste Steigarbeit.

Langsam gehen/steigen, ruhig atmen, keine unnötigen Bewegungen. Nach ca. 5 Std. erscheint links in der Dämmerung der **Rebmann-Gletscher** und **Stella Point** am Kraterrand ist bald erreicht.

Das Panorama vom **Kraterrand** raubt einem den letzten Rest Atem: **Moshi**, **Mawenzi** und **Mt. Meru**, die **Massai-Steppe**, die gesamte **Ost-** und **Südflanke**, die **Pare-Berge** - nur Kälte und Sturm zwingen zum Weitergehen.

Zum vergleichsweise enttäuschenden **Uhuru Peak** geht man noch ca. eine Stunde. Stella Point ist benannt nach Estella Latham, die gemeinsam mit ihrem Mann Kingsley Latham am 13.7.1925 hier den Kraterrand erreichten

Beschreibung des Kraterrandes ☞ Marangu Trail.

Für den Abstieg bieten sich z.Z. noch zwei Möglichkeiten an:

▶ Entweder auf demselben Weg zurück und über **Mweka Camp** zum **Mweka Village** (Uhuru Peak - Mweka Camp 13 km, 5 Std., Mweka Camp - Mweka Village 6 km, 3 bis 4 Std., ☞ Mweka Trail), oder...

▶   über den **Marangu Trail** (Uhuru Peak - Horombo-Hütte, 17 km, ca. 4 bis 5 Std., Horombo-Hütte - Marangu-HQ, 17 km, ca. 4 bis 5 Std., ☞ Marangu Trail).

▶   Für beide Möglichkeiten müssen Sie noch **eine Übernachtung** (Horombo-Hütte oder Mweka Camp) einkalkulieren.

Um über den Marangu Trail abzusteigen, müssen die Träger einen noch existierenden, aber verbotenen **Verbindungsweg** von der Kreuzung Southern Summit Bound/Mweka Trail zur Horombo-Hütte benützen (Zelt, Nahrung, Ausrüstung). Noch wird dieses Vorgehen von der NP-Verwaltung toleriert. Wie lange noch, weiß niemand.

Karanga Camp (S. 121)

Umbwe Trail

🏃 Umbwe Village - Umbwe Camp - Barranco Camp
➲ 10 km
⧗ 2 Tage

Weiter über **Barafu Camp** (☞ Machame Trail) oder über **Arrow Glacier Camp** (für diejenigen, die das Außergewöhnliche suchen, ☞ Shira Trail) zum **Uhuru Peak**.

❶ Umbwe Village - Umbwe Camp

➲ 5 km vom Umbwe Village (1.800 m) bis zum Umbwe Camp (2.800 m)
⧗ 5 bis 6 Std.

Auch dieser Trail beginnt mit einer stillgelegten **Forststraße** (📷 S. 129). Im Gegensatz allerdings zu allen anderen Trails umgibt **dichter Wald** den Wanderer vom Gate an, und von Anfang an ist dieser Trail sehr steil. Schon an der NP-Grenze empfangen uns die ersten **Baumfarne**. Die Luftfeuchtigkeit steigt schlagartig auf ein Maximum an, die Feuchtigkeit des Bodens ebenfalls. Der Untergrund besteht aus festem Lehm, der manchmal grasbewachsen und unter Blattwerk versteckt, immer aber **rutschig** ist. Die Wegbreite nimmt nur langsam ab, was sich durch den enormen Betrieb erklärt, der hier herrscht: Frauen und Kinder, die illegal Brennholz sammeln und schlagen und Gras schneiden, werden Ihnen in der ersten Stunde dauernd entgegenkommen

Nach ca. 1 bis 1½ Std. endet die Straße und ein **verwittertes Schild "Umbwe route"** weist nach links. Meist wird hier eine kleine Rast eingelegt. Wenn sich der Führer langsam erhebt und "Let's do it" murmelt, beginnt der Kampf mit dem Berg. Der Weg schrumpft sofort auf Schulterbreite zusammen, der Wald steht dicht wie eine Mauer, Sichtweite ca. 1,5 m.

Langsam beginnt sich der Steigungsgrad zu erhöhen und nähert sich bald einem schrecklichen Ausmaß. Größe und Mächtigkeit der **Moospolster** auf Bäumen und Boden sind nicht mehr zu übertreffen, sie bestimmen die Farbe der Umgebung zur Gänze, grüne Blätter bilden nur das Dach. Daß der Weg einen schmalen steilen Grat entlangführt, nimmt man im ersten Moment durch die dichte Bewaldung gar nicht so richtig wahr.

Man hört das Gurgeln eines klaren Quellbächleins, denkt noch an seine Wasservorräte und ihr Gewicht, das auf die Schultern drückt, und steht plötzlich im

Regen. Das Quellbächlein entpuppt sich als die ersten Tropfen, die das Blätterdach trafen.

Regen auf diesem Trail (der auch in der Trockenzeit täglich zu erwarten ist) kann furchtbar sein: Der Untergrund verwandelt sich sofort in Schlamm und Matsch, man bewegt sich wie auf einer Eisbahn, und es wird schlagartig finster (bisher war es dunkel).

Ohne wasserdichte Schuhe und Regenschutz sollten Sie nach dem ersten Regen umkehren, denn die Sachen werden nie wieder trocken.

Die Stille ist absolut. Nicht einmal auf den spärlich vorhandenen Lichtungen tummeln sich Insekten oder Vögel. Auf einer dieser Lichtungen wird die übliche Lunchrast gehalten, kurz bevor die Hälfte des Weges erreicht ist. Danach wird der Weg noch steiler und schwieriger. Man erkennt nun klar und deutlich, daß man auf einem **messerscharfen Grat** wandert, rechts und links stürzen die Wände unüberblickbar weit - die grüne Wand reduziert die Sicht bis auf 2 m - hinab. Lediglich an drei oder vier Stellen hat man einen freien Ausblick. Nun beginnt der Weg, eigentlich schon ein Steig, zusehends zu verwildern. Die Anzahl von gefallenen Bäumen pro hundert Meter nimmt rasant zu, und jeder, der überwunden werden muß, stellt eine potentielle Gefahr dar.

Die Steigung wird unerträglich, einige Kletterstellen und statt Fels ein nasses Gemisch aus Erdreich, Steinen und Wurzeln müssen überwunden werden. Schmutz bedeckt schon seit einiger Zeit Kleidung, Hände und Gesicht, die Schuhe sind Lehmklumpen. Doch jedesmal, wenn eine der ungezählten Schlüsselstellen überwunden ist und man sich kurz umblickt, freut man sich, daß man das sehen darf.

Es herrscht fast Totenstille in diesem Wald, alt, mächtig und weise wirkt er. Pflanzen, Steine und Erdreich gestalten sich zu mystischen Tempeln - mit ziemlich steilen Stiegenhäusern.

Seit dem *road head* sind ca. 2 Std. vergangen, und die Qual nimmt kein Ende, es sind noch ca. 2 bis 3 Std. zu gehen, besser gesagt - zu steigen. Der Steigungsgrad vergrößert sich auf dem letzten Drittel des Weges noch ein wenig. Das Naturwunder aber nimmt kein Ende, nun beginnen sich **Flechten** ins Bild zu drängen, meterlange **Bartflechten** in erster Linie. Kurz vor Ende des Wandertages wird der Wald etwas lichter. Die Gratstruktur ist nun deutlich erkennbar, man sieht stellenweise, daß es auf beiden Seiten fast senkrecht bergab geht. Sichtweite ca. 50 m, darunter? - Eine grüne Wand. Zur Linken tun sich hin und wieder "Fenster" auf, der parallel liegende Grat winkt zu uns herüber.

Eines der größten Wunder des heutigen Tages jedoch ist die Tatsache, daß auch er ein Ende hat, daß man auch die letzten Meter des letzten Drittels hinter sich gebracht hat. Dies kündigt sich durch Rauch des Lagerfeuers im Camp an - heißer Tee wartet, vitamin- und kalorienreiche Kost, ein Zelt, eine Matratze. Es sind nur noch ca. 10 bis 15 Min. bis dorthin.

Umbwe Camp liegt noch inmitten der **Regenwaldzone**, die hier am breitesten ist. Ein großer und zwei kleinere Überhänge schützen ca. 20 bis 25 Träger/Führer vor Regen. Für Touristen gibt es **vier Zeltplätze**, mehr sind nicht notwendig, denn nur sehr wenige Menschen kommen hier vorbei. Die Sichtweite beträgt noch immer nicht mehr als ca. 30 m (📷 S. 132).

☺   Ein Extra-Tip für Fotografen: Die untergehende Sonne zaubert phantastische Farbspiele in den Wald, verlieren Sie keine Zeit, in einer halben Minute ist es wieder vorbei.

❷ Umbwe Camp - Barranco Camp

➲   5 km vom Umbwe Camp (2.800 m) bis zum Barranco Camp (3.900 m)
⌛   5 Std.

Es geht noch ca. eine halbe Stunde so steil wie tags zuvor durch Regenwald.

✋   Stellenweise müssen eisüberzogene Wurzelstöcke mit bis zu 10 m Höhe überklettert werden. Vorsicht: Extrem gefährlich!

Bald erreicht man die **Übergangszone zum Heide- und Moorland**. Kurz darauf bewegt man sich nur noch zwischen flechten- und moosüberzogenen **Erikazeen-Stangen**, Flechten oben (mehr Licht), Moose unten. Nur an Stellen, wo die Morgensonne den Boden schon erreicht, sind auch am unteren Ende der Stangen Flechten zu sehen. Trotzdem ist aber auch dieser Wald dunkel und gespenstisch, nicht so lichtdurchflutet wie auf dem Mweka Trail, nicht so lieblich wie auf dem Marangu Trail.

Die letzten Vertreter der Regenwaldbäume modern am Boden dahin, noch immer holen riesige **Moospolster** Nährstoffe aus ihnen heraus. Stürme holzten erbarmungslos die Erika ab, kreuz und quer liegen die Stangen herum - ein Bild der Verwüstung.

Der Weg ist jetzt nicht mehr so steil, etwas breiter als am Vortag, gleicht allerdings an einigen wenigen Stellen schon einem **Hohlweg**. Nach kurzer Zeit ist zum ersten Mal der Kibo zu sehen. Er könnte uns bis zum Barranco Camp den Weg

Beginn des Umbwe Trails (S. 126)

weisen, wird sich aber bald hinter Wolken verstecken. Da wir uns noch immer auf dem Grat bewegen, sind die Ausblicke atemberaubend: Die Erikagewächse werden immer niedriger, so sieht man die **Ebenen am Fuße des Mt. Kilimanjaro**. Lassen Sie sich nicht zu stark ablenken - rechts und links des Weges geht es einige hundert Meter fast senkrecht hinunter. Nach insgesamt 1 Std. Wanderung beginnt der Weg wieder extrem steil bergan zu steigen. Mit dem gemütlichen Gehen ist es vorbei, es muß wieder kraftvoll gestiegen werden. Man glaubt es kaum, aber gegenüber dem Vortag ist tatsächlich noch eine Steigerung möglich.

Falls Sie sich an die Stangen klammern wollen - sie sind hier biegsam wie Gummibänder und sehr lose im Boden verankert. Einige Stellen (5 bis 25 m hoch) weisen Kletterqualität auf, die Erikagewächse verkürzen sich auf Mannshöhe, die unheimliche Steigung nimmt kein Ende. Etwa 2 Std. quält man sich hier durch, dann erscheint ziemlich abrupt und ohne eigentlichen Übergang eine **große Lichtung** mit kniehoher Vegetation, Erikazeen-Stämmchen stehen vereinzelt dazwischen. Dieses **Moor** ist schnell durchquert (📷 S. 133).

Lassen Sie sich vom vergleichsweise gemütlichen Anstieg auf der anderen Seite nicht täuschen, er ist nur ein kurzes Vergnügen. Dafür wird der Wanderer mit dem Anblick der ersten **Senecien** (*Senecio kilimanjari*) belohnt. Sie werden im Laufe der Zeit immer mehr, und man wähnt sich in einem **Senecien-Wald**, es sind die größten Ansammlungen, die man entlang eines offiziellen Trails zu Gesicht bekommt, Strohblumen, Grasbüschel und die letzten Erikagewächse in Strauchform bilden den Rest der Vegetation. Obwohl es noch immer sehr steil bergauf geht, ist es ein sehr schöner, außergewöhnlicher Flecken Erde. Man kommt in diesem Wald gegen Mittag an und hält die obligatorische Lunchpause.

Danach geht es etwas weniger steil weiter (aber nicht zu verwechseln mit gemütlich, es ist noch immer steil genug), die ersten **Lobelien** fühlen sich hier wohl und verdrängen die Senecien. Die Vegetation wird niedriger, struppiger, windzerzauster. Durch diese Landschaft und mit dieser Steigung wandert man noch ca. 2 Std. weiter bis zum Barranco Camp. Sieht man das **Hinweisschild "Barranco Camp"**, hat man es überstanden. Nach ca. 10 bis 30 Min. (je nach Zeltplatz) kann man auf seine Matratze sinken (vorher Kleidung ablegen).

Dieser 2. Tag ist außergewöhnlich in bezug auf die Anstrengungen, die er Ihnen abverlangt, bietet aber auch außergewöhnliche Entschädigung in Form von riech- (schnuppern Sie bewußt nach dem obligatorischen Regenguß - die Heide riecht phantastisch) und sichtbaren Genüssen.

Beschreibung des Camps ☞ Machame Trail.

Mweka Trail

🏃 Uhuru Peak - Barafu Camp - Mweka Camp - Mweka Village
➲ 19 km
⏳ 2 Tage

❶ Uhuru Peak - Mweka Camp

➲ 13 km vom Uhuru Peak (5.895 m) bis zum Mweka Camp (3.000 m)
⏳ 5 Std.
➲ 14 km vom Barranco Camp (3.900 m) bis zum Mweka Camp (3.000 m)
⏳ 7 bis 8 Std.
➲ 8 km vom Karanga Camp (4.250 m) bis zum Mweka Camp
⏳ 3 bis 4 Std.
➲ 13 km vom Karanga Camp bis zum Mweka Village (1.800 m)
⏳ 5 bis 6 Std.

Der Weg vom Uhuru Peak über Barafu Camp bis zur Kreuzung des Southern Summit Bounds mit dem Mweka Trail ist identisch mit dem Anstieg ab dieser Kreuzung, wenn sie vom Shira, Umbwe oder Machame Trail kommen. Nur das Tal, das Sie beim Bergaufgehen bei dieser Kreuzung queren mußten, brauchen Sie nun nicht mehr zu durchqueren, da Sie direkt auf dem Kamm herunterkommen (☞ Machame Trail).

Auf diesem Trail geht alles sehr schnell voran: Schon ungefähr eine halbe Std. nach der Kreuzung (steil bergab) weisen die **Erikagewächse** eine Wuchshöhe von 3 m auf. Bemerkenswert sind riesige, orangerote **Flechtennetze**, die in solchen Mengen nirgends sonst am Mt. Kilimanjaro vorkommen. Die Vegetation wird grüner, dichter, höher und freundlicher. Der Weg ist steinig und holprig und stark ausgetreten. Der Untergrund besteht nun hin und wieder aus Erdreich.

Bald wird der Weg schwierig - immer steiler und steiler, immer tiefer und tiefer. Die Erosionsschäden nehmen unvorstellbare Ausmaße an - die Hohlwege werden bis zu einem Meter breit, bis zu 60 bis 80 cm tief. Nur der Ausblick auf die Landschaft entschädigt für die Strapazen des Weges.

Etwa 1½ Std. nach der Kreuzung tauchen die ersten großen Ansammlungen von *Protea kilimandscharica* (ein Silberbaum- oder Proteusgewächs) mit ihren monströsen weißen Blüten auf. Auch wenn der Weg schwierig ist, nehmen Sie sich trotzdem hin und wieder die Zeit, sich umzublicken und zurückzuschauen -

Das Umbwe Camp (S. 128)

Die Zebra Rocks (Seite 139)

Im Moor des Umbwe Trails (S. 130)

es lohnt sich! Wie auf allen südlich gelegenen Trails bewegt man sich auch hier wieder auf einem **Grat**. Vorsicht - die Ostseite fällt stellenweise fast senkrecht ab!

Mweka Camp ist aufgrund des starken Gefälles bald erreicht. Außer daß die Toilettenanlagen neu und in Ordnung sind, der **Kibo** am Abend und am Morgen milde herablächelt - **Rebman-, Decken-, Kersten-** und **Heim-Gletscher** blitzen in der Sonne - läßt sich über dieses Camp nicht viel sagen, nach allem, was man bis jetzt gesehen hat. Es liegt versteckt im **Erikazeen-Wald**, das Zentrum bilden **zwei Blechhütten** auf großer abgeholzter Fläche. Alle Menschen sind fröhlich - das Ende ist nah.

❷ Mweka Camp - Mweka Village

➲   6 km vom Mweka Camp (3.000 m) bis zum Mweka Village (1.800 m)

⧗   3 bis 4 Stunden.

Gäbe es eine vierte Steigerungsstufe von "lieblich", sie müßte "Mweka Trail, 2. Tag" heißen. Sofort nach Verlassen des Camps taucht man in einen sehr hellen, lichten **Erikazeen-Wald** ein, riesige Grasbüschel säumen den Weg und gedeihen zwischen den Stangen und Stecken. Die orangeroten Flechten haben wir hinter uns gelassen, dafür empfangen uns nun hellgrüne **Bartflechten**, die hin und wieder bläulich schimmern. Die Anzahl der Büsche mit den riesigen weißen Blüten nimmt ab.

Das Gefälle des Mweka Trails ist nicht amtlich vermessen, es existieren keine Zahlen. Meiner Schätzung nach bewegt es sich weit oberhalb der 20%, Mweka Trail ist der **steilste Trail** des Mt. Kilimanjaro. Ein Wanderweg mit erdigem Grund, und mit einem solchen haben wir es hier zu tun, kann aber nur bis zu einer Steigung von 16% durch Drainagierung und Befestigung auf Dauer sinnvoll gepflegt werden - das ist hier nicht mehr möglich. Laut *General Management Plan* der TANAPA vom Mai 1993 soll der gesamte Mweka Trail erneuert werden; wie das geschehen soll, weiß allerdings niemand.

Wir marschieren weiter über **kopfgroße Steinbrocken**, weichen ihnen aus, übersehen einen, stolpern weiter und erreichen in etwa einer Stunde den Regenwald. Dieser sehr steile Teil des Mt. Kilimanjaro wurde auch in der Vergangenheit nie besonders extensiv zur Bau- und Brennholznutzung herangezogen. Im oberen Teil dösen **riesige uralte Bäume**, die höchsten und mächtigsten aller Trails, vor sich hin, **Baumfarne** werden bis zu ca. 12 m hoch, nehmen sich aber neben diesen Giganten wie großgewachsene Zwerge aus.

Das Dunkel ist eine Wohltat nach dem grellen Sonnenschein in der Heidelandzone (Moore wird man auf diesem Trail nicht zu sehen bekommen). Der untere Teil des Regenwalds wird durchscheinender, lichter und niedriger, es dominiert das Buschwerk, dazwischen stehen immer wieder hölzerne Giganten.

Der Weg ist ausgetreten und ausgewaschen, auch hier finden sich viele Hohlwegstellen. Die Feuchtigkeit der Bäume schlägt sich auch an regenlosen Tagen im Erdreich nieder - alles ist rutschig und glatt.

Nach ca. 2 bis 3 Std. Wanderung auf steilen Pfaden erreicht man den *road head* der üblichen stillgelegten Forststraße. Meist wird hier eine kleine Lunchrast gehalten.

Von hier bis zum Gate nimmt das Gefälle zivilisierte Formen an. Man wandert durch hohes Buschwerk, die zuvor beschriebenen Baumriesen sind importierten Eukalyptusbäumen und Pinien gewichen, hin und wieder passieren wir einen Baumfarn. Gemütlich. Nach ca. 1 Std. ist das **Mweka Gate** erreicht. Der diensthabende Ranger kontrolliert Ihr *permit* und überreicht Ihnen das bürokratische Buch. Wenn Sie sich noch etwas Humor bewahrt haben, lesen Sie die Eintragungen in der Spalte "Kommentar" - viele haben noch mehr gelitten als Ihre Begleiter. Bier- und Souvenirverkauf polstern das Gehalt des Rangers etwas auf. Der Weg hat sein Ende leider noch nicht erreicht.

Denn das Fahrzeug, das Sie abholen soll, kann nur bis ins Zentrum der Ortschaft Mweka vordringen - so kommen noch ca. 2 km auf staubiger Piste hinzu. Falls es sich nicht um ein sehr gutes Fahrzeug handelt oder es gerade geregnet hat, kommt das Auto überhaupt nur bis zum Mweka Wildlife College durch - jetzt sind noch einmal ca. 4 bis 5 km ebenfalls auf trockener Piste zu wandern (man versinkt hier bis zu den Knöcheln in feinstem, staubähnlichem Sand).

Der Weg führt ab dem Gate durch extensiv **landwirtschaftlich genutzes Gebiet** (Bananen, Mais, Kaffee). Hier kennt sich der Führer auch theoretisch besser aus: Er kann viel zu den einzelnen Pflanzen sagen, da er selbst aus der Landwirtschaft kommt und der Führer-Job nur Nebenerwerb ist.

Im Extremfall haben Sie eine Strecke von 14 km und einen Höhenunterschied von ca. 4.300 m an einem Tag zu bewältigen. Es kann aber auch geschehen, daß das Fahrzeug aus den verschiedensten Gründen (Unfall, Vergessen, Reparatur o.ä.) überhaupt nicht kommt, in Absprache mit dem Führer können Sie dann beim Wildlife College ein Fahrzeug mieten, das Sie nach Moshi bringt (das Telefon ist meist *out of order*), Kosten: ca. US$ 30. Von **Moshi** geht es dann per Bus nach **Arusha oder Marangu** weiter (US$ 1 bis 1,50/Person, Führer und Träger haben kein Geld mit). Ein korrekt arbeitender Tour Operator wird Ihnen die Kosten ersetzen (Wildlife College - Marangu ca. US$ 50).

Marangu Trail

🚶 Marangu-HQ - Mandara Hut - Horombo Hut - Kibo Hut - Uhuru Peak via Gilman's Point - Horombo Hut - Marangu-HQ

➲ 68 km

⧗ 5 Tage (die TANAPA will aber in Zukunft 6 obligatorische Tage "verkaufen", aus Gründen der besseren Adaption)

Dies ist die Anmarschroute **mit dem niedrigsten Steigungsgrad**, daher ist es kein Wunder, daß sie z.Z. von ca. 90% der Wanderer benutzt wird. 1991 waren das 9.700 ausländische Touristen, 800 tansanische Touristen und ca. 35.000 Träger/Führer. Aus diesem Grunde wird dieser Trail im Führer- und Trägermunde auch "Tourist Trail" oder "Coca Cola Trail" genannt. Die am stärksten frequentierten Monate sind Juli, August, Dezember (2. Hälfte) und Januar, Februar. Die Gesamtstreckenlänge beträgt 34 km (einfach).

Obwohl dieser Trail in Vergangenheit und Gegenwart durch Erosion und Fehlverhalten von Touristen wie Führern und Trägern **schwer belastet** wurde und wird, kann man nicht davon ausgehen, daß er es nicht wert wäre, besucht zu werden. Den Marangu Trail zu begehen ist ein Erlebnis und zwar ein Naturerlebnis ersten Ranges. Niemals wieder wird es so leicht sein, auf diese Höhe vorzudringen, niemals wieder so einfach, durch einen **Regenurwald** zu streifen, niemals wieder wird Sie solch ein phantastischer **Erikazeen-Wald** beschatten.

Die TANAPA ist bemüht, die Schäden zu beheben, und man sieht allenthalben die Erfolge. Obwohl die Arbeiten ununterbrochen vorangehen, wird es aber - "Gut Ding braucht Weile" - noch dauern, bis die Schäden, die ca. 80.000 Touristen, 12.000 Tansanier und 300.000 Führer/Träger, fehlende Pflegemaßnahmen und der Finanzmangel in den Jahren 1982 bis 1991 hinterlassen haben, behoben sind.

❶ Marangu-HQ - Mandara-Hut

➲ 7 km vom Marangu-HQ (1.826 m) bis zur Mandara-Hütte (2.700 m)

⧗ 4 bis 5 Std.

Nachdem die ersten, etwas fremdartig anmutenden 200 m auf der Asphaltstraße im Schatten einer **Eukalyptusallee** überwunden sind, betritt man den lang erwarteten Regenwald. Der Trail wurde hier in einer Breite von 6 m angelegt, um Material für den Bau der Mandara-Hütte mittels Lkw heranzuschaffen und wird heute ab und zu für administrative und Rettungseinsätze benutzt. Nach Regenfällen hat man mit Pfützen und kleinen Seen zu kämpfen.

Erosionsschäden im Erikazeengürtel auf dem Marangu Trail

Durch Ausweichmanöver und illegales Grasschneiden sind auch die seitlichen Ränder jeweils bis zu 5 m waldfrei geworden. Sonnenlicht kann auf breiter Front bis zum Boden vordringen (Kopfbedeckung!). Bis zum Ende dieser Straße ist die Steigung als moderat zu bezeichnen. Nach ca. 5 km der Wegstrecke geht die Straße in einen **feuchten Waldweg** über, dessen Breite zwischen 80 cm und 12 m schwankt. Die erste **Brücke** kennzeichnet diesen Punkt.

Erst jetzt betreten wir den **Regenwald**. Der folgende Trail-Abschnitt wird immer steiler (bis zu 22%) und ist daher im oberen Abschnitt auch stark erodiert. Manches Mal erreichen die ausgetretenen und ausgewaschenen **Hohlwege** eine Tiefe von bis zu 60 cm. **Erste Befestigungsmaßnahmen** wie Brücken, Querhölzer, seitliche Drainagierungen zeigen, daß die NP-Verwaltung der stetig fortschreitenden Erosion nicht untätig zusieht.

Die letzten 1,5 km durch den Regenwald sollen stillgelegt werden, sie sind zu steil, um eine anhaltende Betreuung zu gewährleisten. Es soll ein neuer, weiter westlich gelegener, ca. 50% längerer Trail eingerichtet werden. Die tiefsten Taleinschnitte werden auch weiterhin durch Brücken überwunden.

Der verbleibende Rest der ersten Tagesstrecke führt noch ca. 1 km durch **dichtes Grasland** und ein kurzes Stück **Heide- und Moorzone**. Starke Erosion ist hier nur bei Steigungen von über 18% (selten) zu verzeichnen, die Wegbreite beträgt ziemlich einheitlich 1,5 m. Trotz der anfänglichen Wegbreite ein schöner Trail, wandern Sie an seinem Rand, nicht in der Mitte.

❷ Mandara-Hütte - Horombo-Hütte

➲   10 km von der Mandara-Hütte (2.700 m) zur Horombo-Hütte (3.720 m)
⏳   6 Stunden.

Der Trail verläuft z.Z. am **Maundi-Krater** vorbei. Dieser erloschene Nebenvulkan erhebt sich ca. 100 m über den Trail, und es ist genug Zeit, ihn zu besteigen - das gesamte Unternehmen dauert vielleicht eine halbe Std., und man hat einen schönen Ausblick über die bewaldeten Hänge des Mt. Kilimanjaro. Der Krater ist vollständig bewachsen.

Die **Kreuzung** kurz nach dem Maundi-Krater (Brücke) ist von der Hütte ca. 1,5 km weit entfernt und bezeichnet den Punkt des Zusammentreffens mit dem ursprünglichen Trail, der stillgelegt wurde. Dieser führt weiter über den bis zu 45% steilen **Ona-Hügel** (auch **Check Point** genannt). Vom höchsten Punkt des Ona Hills (**Masheo Point**, ca. 6,5 km von der Mandara-Hütte) geht der Trail kurz bergab, um aber sofort wieder bergauf über den **Kambi-ya-Taabu-Kamm** zu führen (hier schwere Erosionsschäden).

Sie haben nun die steilsten Partien des 2. Tages hinter sich und gehen in moderater Steigung durch **Erikazeen-Bewuchs** und an zwei Stellen durch leicht **sumpfiges Gelände** weiter bis zur **Horombo-Hütte**. Der Weg weist hier bei den trockenen Stellen eine Breite von bis zu 3 m auf und ist stark ausgewaschen bzw. ausgetreten. Unmengen von **losem Geröll** erschweren das Vorankommen. Achten Sie sehr genau darauf, wohin Sie Ihren Fuß setzten!

Die zwei, nach starken Regenfällen drei sumpfigen Stellen sind durch das Anlegen von Alternativwegen, auf denen der Wanderer die Pfützen und Seen umgeht, wesentlich breiter - dies führt zu einer Gefährdung von *Senecio kilimanjari*, die feuchte Stellen bevorzugt und hier häufig vorkommt.

Etwa 45 bis 60 Minuten von der Horombo-Hütte entfernt befinden sich ab dem Upper Trail (☞ 3. Tag) die **Zebra Rocks** (📷 Seite 132). Dies sind bis zu 20 m hohe, schwarze Steilwände, die durch Kalkablagerungen auf großen Flächen weiß gefärbt sind. Ein sehr schöner Anblick.

❸ Horombo-Hütte - Kibo-Hütte

➲ 11 km von der Horombo-Hütte (3.720 m) bis zur Kibo-Hütte (4.700 m)

⏳ 5 bis 6 Stunden.

✋ Denken Sie daran, vor Verlassen der Hütte Ihre **Wasserflasche zu füllen**, die Qualität der letzten Wasserstellen am Weg (beschildert auf beiden Wegen) läßt zu wünschen übrig.

Von der Horombo-Hütte führen derzeit noch zwei Wege zur Kibo-Hütte - der weniger begangene Upper Trail und der stark frequentierte Lower Trail. Der **Lower Trail** führt noch ein ziemliches Stück durch **niedriges Heideland** und ist sehr stark erodiert (Hohlweg, Geröll, Alternativwege). Noch einige Male werden **Moore** gestreift. Hier nimmt der Weg Formen an, die jeder Beschreibung spotten.

Am schlimmsten ist es beim **Maua-Moor** (Ursprung des Maua Rivers, letzte Wasserstelle), der "Weg" ist hier stellenweise breiter als 20 m. *Senecio cottonii* und Lobelien wachsen hier in gefährlicher Umgebung.

Nachdem man die **Steinwüste des Saddle** hat, wird der Pfad schmaler, und die Erosion hört auf dem felsigen Untergrund auf.

Der **Upper Trail** führt etwas östlich des Lower Trails zum **Saddle** und vereinigt sich mit dem Lower Trail ca. 2 km vor der Kibo-Hütte. Der erste Kilometer ist auch auf dem Upper Trail sehr stark erodiert, der Weg ist breit und ausgetreten,

Geröllbrocken erschweren das Gehen. Sobald auf der linken/westlichen Seite des Weges die **Zebra Rocks** erscheinen, wird der Weg wesentlich besser und schöner, denn die meisten Wanderer wählen den Lower Trail, um zur Kibo Hut zu gelangen. Die Erosionsschäden zwischen Horombo Hut und den Zebra Rocks rühren von den Wanderern, die am 2. Tag noch einen kurzen Ausflug zu dieser Naturschönheit unternahmen und anschließend wieder zur Horombo Hut zurückkehren.

Ab Zebra Rocks kann man von einem Pfad sprechen (Breite ca. einen halben Meter), der stundenlang knapp am Fuße des Mawenzi vorbeiführt. Ich persönlich tendiere zur Benutzung des Upper Trails.

Für beide Trails gilt: Der **Saddle** zählt zu den schönsten Strecken des Marangu Trails, man hat das Ziel, den **Kibo**, stets vor Augen. Kopfbedeckung tragen (UV-Strahlung) und warme Kleidung mitführen. Unterschätzen Sie den Saddle unter keinen Umständen! Es regnet hier nicht oft während der Trockenzeit, aber wenn (es schneit auch hin und wieder), dann kommt mit dem Regen der **Temperatursturz**. Und wehe dem, der keine Regenschutzbekleidung und keinen warmen Pullover dabeihat. Die Steigung ist bei beiden Trails moderat, geringer als an den beiden ersten Tagen. Man kann sich vor dem Gipfelsturm sozusagen noch etwas ausruhen.

Seit 1996 wird die vorübergehende Schließung des Lower Trails diskutiert. Nachdem er sich auf natürliche Weise erholt und rehabilitiert hat, soll er mit dem Upper Trail alternierend benutzt werden. Wann das sein wird, weiß heute noch niemand. Im Klartext bedeutet das, daß man heute beim Aufstieg noch den einen, beim Abstieg den anderen Trail benutzen kann. Seltsamerweise nutzen nur wenige Wanderer diese Gelegenheit. Auf beiden Wegen haben Sie den Mawenzi als stummen Begleiter.

❹ Kibo-Hütte - Uhuru Peak - Horombo-Hütte

➲   23 km: 6 km von der Kibo-Hütte (4.700 m) bis Uhuru-Peak (5.895 m), von hier 17 km bis zur Horombo-Hütte (3.720 m)

⌛   10 Std.

✋   Gewöhnlich ist der Aufbruch von der Hütte schon kurz nach Mitternacht. Reservebatterien, starke Lampen (☞ Machame Trail, 6. Tag)!

Kibo mit Marangu-Trail-Anstieg

Den Weg zu Gilman's Point (5.680 m) sieht man bereits am Vortag vom Saddle aus. Durch gefrorenes Geröll, später feinen Sand, geht es zuerst ziemlich steil und gerade bergauf.

Die **Hans Meyer Cave** (die Biwakhöhle von Meyer und Purtscheller bei ihrer vierten Besteigung in ca. 5.000 m Seehöhe diente bis zur Errichtung der Kibo-Hütte als Basislager für die Besteigung des Kibo), wird im Führermund auch "Asthma Cave" genannt. Sie ist, nachdem der gerade Weg in Serpentinen überging, nach ca. 2 Stunden erreicht. Meist wird hier eine kurze Rast abgehalten.

Unübersehbare Überbleibsel wie weggeworfenes Verpackungsmaterial, Zigarettenschachteln, Soft-Drink-Dosen, Toilettenpapier und Fäkalien künden davon - etwa ein Drittel der Wanderer kehren danach um.

Bereits Ed. Oehler äußerte sich 1912 mißfallend über die Verschmutzungen durch "Konservenbüchsen, Knochen, Sektflaschen und Papier - die Vorboten der Kultur". Im Gegensatz zu heute, wo Führer in Unkenntnis der Tatsachen mit dem Ausdruck "Asthma Cave" einen harten Trennungsstrich zwischen den letzten Opfern der Höhenkrankheit (oder Opfern mangelndem Trainings) und solchen, die sich weiterquälen, ziehen, hieß dieser Unterschlupf früher im Führermunde "yumba ya mungu" (Haus Gottes).

Der Rest der Bergwanderer schleppt sich weiter über festgefrorenen Sand und Asche. Wenn sich der klar erkennbare Weg zwischen Felstrümmern zu verlieren beginnt, ist Gilman's Point nicht mehr weit. Die Steigung nimmt zu, der Weg wird zu einem Steig, die Wegkenntnis des Führers ist hier unabdingbar. Im Schnitt beträgt die Steigung zwischen Kibo-Hütte und Gilman's Point ca. 40 Grad.

☹   **Gilman's Point** erkennt man erstens an dem Schild, zweitens, daß man einen Blick in den Krater werfen kann und drittens an den Fäkalien und Toiletten-papierfetzen, mit denen dieser Platz übersät ist (irgendwann demnächst sollen hier zwei Toilettenanlagen errichtet werden).

Benannt ist dieser Punkt nach dem britischen Geographen Gilman, der 1921 seinen Besteigungsversuch kurz vor dem nach ihm benannten Punkt aufgeben mußte (weil sein Begleiter P. Rason die Tour erschöpft aufgab). Im Rahmen des Geophysikalischen Jahres wurde hier von einer Wissenschaftlergruppe aus Shef-field 1957 eine meteorologische Meßstelle eingerichtet. Sie hätte wichtige Erkenntnisse, vor allem in Bezug auf Gletscherrückgang bringen können, wurde aber seit 1961 nicht mehr betreut und verfiel.

Man erreicht Gilman's Point gegen 7:00, so daß man den Sonnenaufgang über der Ebene miterleben kann - der **Mawenzi** glänzt im Gegenlicht - schön! Jetzt weiß man, warum man sich diese Schinderei angetan hat. Spätestens hier kehrt auch das zweite Drittel der Wanderer um.

Entgegen oft angeführten Berichten, daß der Weg von hier zum Uhuru Peak über Gletscher führe, windet er sich in moderater Steigung ca. 2 Std. lang durch Fels und Geröll **am Kraterrand entlang** - bestenfalls zwischen Eisfeldern hindurch. Die Kälte ist fürchterlich, der Sauerstoffgehalt beträgt nur noch die Hälfte des Wertes an der Küste. **Uhuru Peak** ist zwar der höchste Punkt Afrikas, enttäuscht aber dennoch - es ist kein Gipfel, sondern lediglich der höchste Punkt des Krater-randes. Würde hier das verwitterte Schild nicht stehen, man merkte es nicht.

Der Rückweg sollte bald angetreten werden, er führt üblicherweise zurück zur **Horombo-Hütte**. Es ist ein anstrengender und langer Tag, rechnen Sie damit, daß Sie mehr als 12 Std. unterwegs sein werden. Wer über gesunde Kniegelenke ver-fügt, kann die Serpentinen zwischen Gilman's Point und Kibo-Hütte in gerader Linie hinunterlaufen, halten Sie aber genügenden Abstand zu Ihrem Vordermann - die Staubentwicklung ist fürchterlich. Hin und wieder verstecken sich im Sand-Asche-Gemisch aber auch größere Felsen. Vorsicht!

Die Träger gehen von der Kibo-Hütte sofort bergab zur Horombo-Hütte und machen den Gipfelsturm nicht mit.

❺ Horombo-Hütte - Marangu-HQ

➲   17 km von der Horombo-Hütte (3.720 m) bis Marangu-HQ (1.826 m)
⌛   4 Std.

Die Tour entspricht der Route, die wir am 1. und 2. Tag aufgestiegen sind.

▶   Derzeit noch mögliche Alternative: Über **Stella Point** und **Barafu Camp** zum **Mweka Camp** und von hier weiter zum **Mweka Gate**.

   Um im Mweka Camp zu übernachten, müssen die Träger Ausrüstung, Nahrung usw. über einen z.Z. noch existierenden Trail auf den Mweka Trail transportieren. Dieser **Verbindungsweg** soll geschlossen werden. Wenn das geschehen ist, müssen Sie an einem Tag bis zum Mweka Village marschieren - das ist kein Vergnügen, im Extremfall legen Sie 33 km zurück (☞ Mweka Trail).
   Die Träger zu überreden, mit Ihnen über den Kraterrand zu wandern (nur diese Alternative bleibt, außer Sie tragen alles selbst), wird teuer werden.

Rongai Trail

Der Rongai Trail beginnt praktisch an der Grenze Kenia-Tansania. Es ist aber ein gewaltiger Irrtum, anzunehmen, daß man über die Grenze bei Loitokitok einreisen und schnurstracks auf den Berg steigen könnte. Das ist nicht erlaubt! Abgesehen davon, gibt es vor Ort keine Tour Operator.

Wer diese Route gehen will, muß (falls er von Kenia einreist) die Grenze bei Namanga (nächstgelegener Grenzübergang nordwestlich von Arusha an der Direttissima Nairobi-Arusha) oder bei Lunga (südöstlich von Arusha, nur bei Anreise von Mombasa zu empfehlen) passieren.

Rongai Camp I - Rongai Camp II - Kibo-Hütte
20 km
4 bis 6 Tage

❶ Rongai Village - Rongai Camp I

7 km vom Rongai Village (2.050 m) bis zum Rongai Camp I (2.830 m)
ca. bis 3 Std.

Dieser Trail weist viele Parallelen zum Shira Trail auf. Das Gate liegt höher als "erlaubt", und die Straße führt nicht nur bis zum ersten Camp, sondern wird auch verbotenerweise benützt. Leserbriefen zufolge dürfte diese Unart aber mittlerweile zumindest eingeschränkt worden zu sein.

Die **Regenwaldzone** ist aufgrund der geringen Niederschlagsmenge sehr schmal und zum größten Teil von **Pinienplantagen** (2.350 ha, bis auf ca. 2.500 m) verdrängt worden, so beschränkt sich das Erlebnis "Regenwald" auf einige hundert Meter. Die Transportkosten (ca. 110 km von Moshi entfernt, teilweise sehr schlechte Straße) werden gewöhnlich extra berechnet (bis zu US$ 200/ Fahrzeug). - Nicht viele Touristen benutzen diesen Trail.

Obwohl die Steigung sehr kontinuierlich verläuft und kein großes Hindernis darstellt, ist es kein großes Erlebnis, die erste Teilstrecke zu Fuß zurückzulegen. Der Weg durch die Pinienplantage ist lang und licht und erinnert auch wegen seines steinigen, sandigen Charakters an Spaziergänge im Mittelmeerraum. Die letzten Überreste des Regenwaldes sind in ca. 10 bis 15 Min. durchwandert: Er ist hier schon relativ licht und bereits von Erikagewächsen durchzogen.

Der Weg führt weiter durch die **Heide- und Moorlandzone**. Es ist leider nicht der feenhafte Erikazeen-Wald mit seinen Flechtenvorhängen, wie man es von anderen Trails gewohnt ist. Die ganzjährig herrschende Wasserknappheit läßt hier solchen Überfluß nicht zu. Lediglich Strauchwerk, das bald in kniehohes

Gestrüpp übergeht, erfreut des Wanderers Auge. Das **Rongai Camp I** liegt inmitten dieser Zone. Über das Camp läßt sich nicht viel mehr sagen, als daß man von hier abends wie morgens **Kibo** und **Mawenzi** sehen kann.

Wenn Sie den Aufstieg mit dem Fahrzeug unternommen haben, bestünde die Möglichkeit, sofort zum Rogai Camp II weiterzumarschieren - dies würde keine große Anstrengung bedeuten. Auf diese Art und Weise wäre der An- und Abstieg in 4 Tagen zu bewältigen. Aus Gründen der Höhenanpassung ist dies aber nicht zu empfehlen und eine Übernachtung im Rongai Camp I anzuraten. Über kurz oder lang wird die Benutzung der Straße für Fahrzeuge auch verboten werden.

❷ Rongai Camp I- Rongai Camp II

➲   5 km vom Rongai Camp I (2.830 m) bis zum Rongai Camp II (3.450 m)

⧗   3 bis 4 Std.

Der Weg führt weiter durch die vom Vortag bekannte, kniehoch bewachsene **Heidelandschaft**, Regen ist nicht zu befürchten. Senecien, die in diesen Höhenlagen zu erwarten wären, fehlen bis auf einzelne Vertreter, die in weiter Ferne kümmern. Der Grund ist die geringe Anzahl von wasserspeichernden Mooren.

Blick in den Krater mit Furtwängler-Gletscher (S. 111)

Der **Wassermangel** ist groß und Trockenheit ein Charakteristikum dieses Trails. Der **Mawenzi** liegt immer zur Linken, der **Kibo** weist dem Wanderer den Weg.

Der Weg steigt nicht mehr so kontinuierlich an wie am Vortag, sondern überklettert niedrige Kämme und windet sich durch kleine Täler (es ist immer ein und derselbe Fluß bzw. Bach, den man durchquert).

Sieht man von der Eintönigkeit dieses Trails ab, so kann von Anstrengung noch keine Rede sein. Das Camp ist überraschend schnell erreicht, die Landschaft hat sich inzwischen etwas geändert: Etwa das letzte Drittel des Weges führt durch zwar allmählich niedriger werdendes, aber noch immer flächendeckendes **Heidekraut**, das mit **Steinbrocken** unterschiedlichster Größe durchsetzt ist - schwarze und braune Flecken in der grünblauen Landschaft. Man bemerkte gar nicht, wo diese Landschaft begann, aber plötzlich wandert man mittendurch. Es geht ein unerklärlicher Reiz von ihr aus.

Die Spuren des letzten Kibo-Ausbruches inmitten der lebendigen Pflanzenwelt erinnern den Wanderer daran, daß auch er immer an der Grenze zum Tod steht, daß sein Weiterleben im Grunde genommen nur Zufall ist. Man wird ein wenig nachdenklich in dieser ruhigen, flachen Gegend mit ihren zwei Wächtern. Achten Sie trotzdem auf den Weg.

Er weist eine durchgehende Breite von 1 m und starke Tendenzen zum Hohlweg auf - noch nicht beseitigte Schäden aus früheren Zeiten, als es noch möglich war, von Kenia aus über diesen Trail auf- und abzusteigen. Außer den Parkgebühren blieben damals keine Devisen im Land. 1977 wurde die Grenze deshalb geschlossen, und der Weg verfiel. Sie ist mittlerweile wieder geöffnet; das praktizierte Einbahnsystem treibt Touristen aus Kenia unweigerlich in die Arme der tansanischen Hoteliers und Restaurantbesitzer in Moshi, Arusha oder Marangu.

Das Vorhaben, die **Erosionsschäden** der Vergangenheit zu beseitigen, wurde 1993 im *General Management Plan* der TANAPA beschlossen. Wann allerdings die dazu nötigen Mittel zur Verfügung stehen werden, steht noch in den Sternen. Wir werden Sie auf dem laufenden halten.

Rongai Camp II liegt zwischen Kibo und Mawenzi in der beschriebenen Heidekraut-Geröll-Ansammlung. Die Lage zwischen den beiden majestätischen Gipfeln, die einem sonst nirgends so nah sind, ist bemerkenswert - man fühlt sich sicher bewacht.

Üblicherweise wird aber weiter marschiert zum Rongai Camp III (in ca. 3.800 m Höhe). Die Höhle ist hier größer als bei Camp II und bietet daher den Trägern mehr Platz.

Abgesehen davon sind die Zeltplätze schöner gelegen (allerdings ist Camp III auch mehr verschmutzt als Camp II). Für die Strecke zwischen Camp II und Camp III müssen Sie noch ca. 1 bis 2 Stunden einkalkulieren (dementsprechend verkürzt sich auch die Strecke zur Kibo-Hütte am nächsten Tag).

Wenn Sie während der Regenzeit unterwegs sein sollten, ist allerdings Camp II zu empfehlen, da sich Camp III im Überschwemmungsgebiet eines nahe gelegenen Flusses befindet. Während der Trockenzeit ist keine Gefahr gegeben (solange das Wetter stabil bleibt).

❸ Rongai Camp II - Kibo-Hütte

➲ 8 km vom Rongai Camp II (3.450 m) bis zur Kibo-Hütte (4.700 m)

⧖ 4 bis 5 Stunden.

Die Landschaft beginnt sich zu ändern: Die Vegetation wird spärlicher, bis sie sich zu kleinen Inseln inmitten der Steinbrocken ausdünnt. Der Weg weist schwere **Erosionsschäden** auf, ist ausgetreten und ausgewaschen, **Steinbrocken und grobes Geröll** bedecken den Grund. Man merkt, daß hier bereits viele Menschen gegangen sind und daß während der Regenzeit schwere Schauer niedergehen. Es ist kein großes Vergnügen, hier hindurchzustolpern.

Ungefähr auf halbem Weg passiert man wiederum ein **Camp (Höhle)**, das zwar Toilettenanlagen aufweist, aber ganzjährig wasserlos ist und aus diesem Grund von Trägern und Führern gemieden wird (es ist außerdem offiziell nicht ausgewiesen, somit nicht existent). Ab hier wandert man durch eine braungraue **Steinwüste**, hat **Mawenzi** nach wie vor zur Linken, vorne den **Kibo** als Wegweiser.

Bis hierher hat sich der Weg, wie am Vortag, über kleinere Kämme und Täler gewunden, nun ist die **Ostflanke des Kibo** erreicht. Die Steigung wird etwas steiler, anstrengender und der Weg immer schlechter, geradezu gebirgig. So wandert man nicht mehr nur durch Geröll, hin und wieder befindet man sich **im Fels des Kibo**. An einigen wenigen Stellen ist Steigarbeit zu leisten.

Erst ab hier hat man das Gefühl, einen großen Berg zu ersteigen. Getrübt wird dieser abwechslungsreichste Tag der Rongai-Tour nur durch einen schlechten Weg in der ersten und einen sehr schlechten Weg in der zweiten Hälfte. Ein unbestreitbarer Vorteil des Rongai Trails ist aber die Tatsache, daß man hier alleine ist. Sie werden diesen Vorteil nach Ankunft auf der Kibo-Hütte zu schätzen wissen.

Beschreibung des weiteren Trails (Kibo-Hütte - Uhuru Peak - Abstieg) ☞ Marangu Trail.

Northern Summit Bound

⧗   3 bis 5 Tage

Der Northern Summit Bound **umrundet den Kibo** auf seiner nördlichen, wasser- und brennholzlosen Seite zwischen der 4.000-m- und der 4.200-m-Höhenlinie. Ein Einstieg liegt kurz hinter Shira Camp (in östlicher Richtung, ☞ Shira Trail), ein anderer am Marangu Trail, kurz vor der Stelle, an der sich zwischen Horombo- und Kibo-Hütte Upper und Lower Trail treffen, der Rongai Trail wird kurz nach dem 3. (unbenutzten) Camp gekreuzt.

Eine Umrundung dauert ca. 3 bis 5 Tage und bietet, außer dem permanenten Begleitschutz des **Kibo** mit den in ihrer Größe und Mächtigkeit nicht zu beschreibenden **nördlichen** und den eleganten **östlichen Eisfeldern** zur Rechten, nichts Außergewöhnliches oder Aufregendes.

Der Weg zieht sich wie am Southern Summit Bound endlos über Kämme und Täler dahin. Graue Steinwüste überwiegt bis zur Ostflanke, ab Rongai Trail dominieren braune Farbschattierungen. Ed. Oehler bezeichnete in seiner Beschreibung 1912 die Nordseite des Kilimanjaro auf dieser Höhe mehrmals als "öde Gegend".

Obwohl kein offizielles Camp ausgewiesen ist (d.h. es existiert keine offizielle Übernachtungsmöglichkeit, die in vielen Landkarten eingezeichnete Moir Hut existiert schon lange nicht mehr), war die Begehung Anfang 1997 noch erlaubt, mit einer baldigen Schließung ist aber zu rechnen. Ein Gipfelanstieg von der Nordseite existiert nicht.

Die ersten, und soweit ich informiert bin, auch die letzten, die einen Anstieg über die Nordflanke und deren Eiswände schafften, waren die Seilschaft Walter Kluge, Ludwig Petzholtz (zum zweiten Mal bei diesem Vorhaben dabei) und Hans Suter 1938. 1936 war ein deutscher Fotograf in Begleitung von L. Petzholtz bei diesem Vorhaben bei ca. 4.000 m Höhe wegen der Höhenkrankheit gescheitert.

Aufgrund der Wasser- und Brennholzsituation ist es günstiger, beim **Shira Camp** zu starten. Ein Start über den Marangu Trail (Horombo-Hütte) würde einen Tag länger Brennholz- und Wasserschleppen bedeuten. Für den Weg zum Shira Camp ☞ Machame oder Der Shira Trail.

Rechnen Sie mit ca. 3 bis 4 Trägern/Person, wenn Sie zu zweit oder in einer mittelgroßen Gruppe wandern. Alleinwanderer müssen mit etwa. 6 oder 7 Trägern rechnen, um Brennstoff, Nahrung, Wasser und Ausrüstung zu transportieren, ausschlaggebend sind die Berechnungen Ihres Führers.

Unbestreitbarer Vorteil: Sie sind alleine! Nehmen Sie, wenn Sie die Begehung des Northern Summit Bounds in die engere Wahl ziehen, vor Umsetzung dieses Planes Kontakt zur KINAPA und/oder TANAPA sowie zu einem Tour Operator der Kategorie "gut, aber teuer" auf.

Die südlichen Gletscherfelder vom Kraterrand aus gesehen

Literatur

Karten

▶   Edition D.O.S., Ministry of Lands, Natural Resources and Tourism, Dar es Salaam, *East Africa*, Serie Y742, Blatt 56/2 (1958), 1:50.000. Die amtliche Karte des Mt. Kilimanjaro und Ausgangspunkt aller anderen Karten (vergriffen, soll aber neu aufgelegt werden).

▶   Ordnance Survey (1989), *Tourist Map of Kilimanjaro*, Surveys and Mapping Division, Ministry of Lands, Dar es Salaam, 1:50.000. Die offizielle Touristenkarte des Staates Tansania zum Gebiet des Mt. Kilimanjaro (ebenfalls vergriffen, soll aber neu aufgelegt werden).

▶   Mark Savage, *Kilimanjaro Map and Guide* (1990), 1:50.000. Man darf sich durch das Wort "Guide" nicht täuschen lassen - es handelt sich dabei nur um kürzeste Kurzinformationen in einigen Absätzen auf der Rückseite der Karte. Eine überarbeitete und auf den neuesten Stand der Dinge gebrachte Karte ist in Vorbereitung. Erhältlich in fast allen Souvenirshops und Hotels der Kat. A in Arusha, Moshi, Marangu und Nairobi.

▶   A. L. Wielochowski, *Map and guide to Kilimanjaro* (1990), 1:75.000. Zum Wort "Guide" siehe oben. Diese Karte ist auch in Österreich, Deutschland und der Schweiz erhältlich, nicht aber in Tansania.

▶   B. Rotter, *Kilimanjaro-Karte*, 1:50.000; Eigenverlag. Wird gemeinsam mit dem Erlebnisbericht von B. Rotter angeboten.

☺   Keine der angebotenen Karten stimmt mit der Realität 100%ig überein, alle sind nur Annäherungen an diese und gehen auf die Karte von 1958 zurück. Die Trails wurden noch nicht amtlich vermessen, bei den Benennungen einzelner landschaftlicher Punkte geht es drunter und drüber.

Da jeder Besucher von einem Führer begleitet wird, ist eine Karte eigentlich überflüssig. Aber für viele ist es ein wichtiges Ritual, täglich nach getanem Werk einen Blick auf sie zu werfen und "Noch so weit" zu stöhnen. Für einen groben Überblick sind alle ausreichend. Genauigkeitsfanatiker sollten aber zumindest zwei verschiedene zu Rate ziehen (Savage und Wielochowski).

Bei allen Angaben in diesem Buch, die nicht mit dem kleinen Zusatz "ca." versehen sind, handelt es sich um offizielle Angaben des Ministry of Lands, Nature and Natural Resources. Bei mehreren gebräuchlichen topographischen Namen wurden alle angeführt. Karten und Pläne in diesem Buch gehen ebenfalls auf die Karte von 1958 zurück und sind daher auch nur als ein Versuch der Annäherung an die Wirklichkeit aufzufassen.

Bücher

▶　John Reader, *Kilimanjaro*, Elm Tree Books, London, 1982 (Englisch). An erster Stelle zu nennen. Trotz des lange zurückliegenden Erscheinungsdatums ist edas Buch noch immer in praktisch allen Buchhandlungen und vielen Souvenirshops Arushas, Moshis, Marangus und Nairobis erhältlich. Ein gutes Buch mit detaillierten Informationen zu Geschichte und Eroberung des Berges, enthalten sind auch ein Erlebnisbericht des Autors und eine umfangreiche Bibliographie. In erster Linie bestechen die vielen phantastischen Fotos. Angaben zur Organisation sind spärlich und veraltet. Ein schönes Andenken.

▶　H. Weyer, *Kilimanjaro - Urwald, Eis und Steppentiere*, Badenia Verlag, Karlsruhe. Ein gewohnt schöner Bildband von H. Weyer mit ebenso phantastischen Fotos wie im vorgenannten Buch. Für meine Begriffe aber zu viele Tieraufnahmen, die eine falsche Realität (Tierreichtum am Berg) suggerieren.

▶　I. Allan, The Mountain Club of Kenya, *Guide to Mt. Kenya and Kilimanjaro*, PO Box 45741, Nairobi, ☎ 00254/2/501747. Für Bergsteiger, die Seile und Pickel mit sich führen: Beschreibung der technischen Routen mit einer guten Einführung in Geschichte und Geologie des Berges.

▶　West Col. Großbritannien, *East African International Mountain Guide*. Beschreibung der technischen Routen am Mt. Kenya, Kilimanjaro und im Ruwenzori-Gebirge.

Die beiden vorgenannten Bücher bieten für Wanderer wenig Informationen und sind lediglich selten in Nairobi (in Tansania praktisch gar nicht) erhältlich.

☺　Reinhard Dippelreither, *Tansania - Sansibar*, ReiseHandbuch, Conrad Stein Verlag, 4. völlig überarbeitete Auflage 2000. Ein Standardwerk vom Autor dieses vorliegenden Buches.

☺　Hilfreiche **OutdoorHandbücher** der Reihe Basiswissen für Draußen aus dem Conrad Stein Verlag, speziell für den Kilimanjaro, sind:

▶　Wildniswandern, Kummer, ISBN 3-89392-108-7, DM 12,80.
▶　Bergwandern, Castagne, ISBN 3-89392-109-5, DM 12,80.
▶　Fotografieren, Gantzhorn & Husen, ISBN 3-89392-112-5, DM 12,80.
▶　Gesund unterwegs ISBN 3-89392-136-2, DM 12,80.
▶　Erste Hilfe ISBN 3-89392-139-7, DM 12,80.
▶　Für Frauen ISBN 3-89392-148-6, DM 12,80.

Index

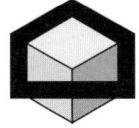

Alle Bücher aus dem Conrad Stein Verlag

OutdoorHandbücher
Fernweh-Schmöker

ReiseHandbücher

Fremdsprech

☺ **Weitere Bände in Vorbereitung. Fordern Sie unseren aktuellen Verlagsprospekt an.**